Ho Fu Lung

Chinesisch kochen vegetarisch

 Hädecke Verlag

Inhalt

© Walter Hädecke Verlag, D - 71263 Weil der Stadt 1997

Fotos: Fotodesign Klaus Arras, Köln
Fotos auf S. 10, 12, 14 und 15: Michael Brem / Hädecke
Satz: Erich Schuhmacher, Magstadt
Druck: Neue Stalling, Oldenburg
Printed in Germany. ISBN 3-7750-0296-0

Vegetarisch mit Tradition

Vorwort

Viele Menschen wissen, wie gut chinesische Küche schmecken kann, doch manche haben Hemmungen, sie selbst auszuprobieren. Die landläufige Meinung ist, daß die Küche kompliziert sei und viel Zeit in Anspruch nimmt. Aber das ist falsch! Die Kochzeiten – der meisten – chinesischen Gerichte sind kurz und deshalb bleibt auch der Originalgeschmack der Zutaten erhalten. Zeit zu sparen gehört zu unserem schnellebigen Alltag; deshalb hat die Mikrowelle eine so große Verbreitung gefunden. Für den, der chinesisch kocht, ist die Mikrowelle uninteressant, da sie eine relativ „lange" Garzeit hat. Sehr viele chinesische Bratrezepte brauchen nicht länger als drei bis fünf Minuten Kochzeit. Unglaublich? Nein, das ist Realität. Ein Beispiel: In guten chinesischen Restaurants werden die Gerichte immer frisch zubereitet. Sie haben kaum Platz genommen und ein Getränk bestellt, da wird Ihnen bereits das Essen serviert. Das Geheimnis ist die Kochtechnik. Dabei ist es nicht wichtig, einen Wok zu benutzen – eine gute Pfanne tut es auch. Das zweite Geheimnis ist die Schneidetechnik. Wenn Sie beide Techniken genau befolgen, wird Sie das Ergebnis begeistern! Die chinesisch-vegetarische Kochtradition ist in ganz Asien verbreitet; in diesem Buch möchte ich Ihnen die alte vegetarische Methode der chinesischen Küche vorstellen. Ich wünsche Ihnen viel Spaß und Freude beim Kochen, gutes Gelingen und einen guten Appetit!

Vegetarische Küche und Gesundheit

Eine für den Menschen ausgewogene Nahrung sollte aus mindestens sechs Nährstoffen bestehen: Eiweiß, Kohlenhydrate, Fett, Mineralstoffe, Vitamine, Chlorophyll (und Wasser). Die Hauptnährstoffe kommen sowohl in Tieren als auch in Pflanzen vor. Die Bestandteile der pflanzlichen Nahrung sind jedoch vielseitiger und besser verdaulich. Vergleicht man die vier gebräuchlichsten Fleischsorten – Rind, Schwein, Lamm, Geflügel – und den Fisch mit den entsprechenden Gemüsen – Chinakohl, Stangensellerie, Porree / Lauch, Möhren und chinesisches Ölgemüse –, so folgt daraus, daß die tierische Nahrung zwar Eiweiß, Fett, Kohlenhydrate, Mineralstoffe und einige Vitamine enthält, aber das Gemüse darüber hinaus über andere, lebensnotwendige Vitamine und Mineralstoffe verfügt.
Vitamine spielen eine wichtige Rolle für den Ablauf der physiologischen Funktionen im Körper und helfen, die Abwehrkräfte zu stärken. Werden vorzugsweise Fleisch- und Fischgerichte gegessen und die vitaminreiche Nahrung vernachlässigt, so entsteht im Körper ein Ungleichgewicht.
Die pflanzliche Nahrung enthält zusätzlich noch Chlorophyll; es hat zwar keinen Nährwert, hilft jedoch, die Peristaltik des Darms (die für den Transport der verdauten Nahrung notwendige Darmbewegung) zu stärken und sorgt so auch für regelmäßigen Stuhlgang. Inzwischen weiß man, daß häufiger und üppiger Fleischgenuß der Auslöser für viele Krankheiten ist. Dies ist beim häufigen Verzehr von Gemüsen nicht belegt. Deshalb halten Ernährungswissenschaftler und Forscher letzteres für eine gute

Vorbeugungsmaßnahme z.B. gegen Arterien-verkalkung. Tierisches Fett fördert das Krankheitsbild und trägt zu erhöhten Cholesterinwerten bei.

Ein chinesischer Naturheilmeister hat festgestellt, das Vitamin C wirksam gegen Arteriosklerose ist, denn es kann die Konzentration von Cholesterin im Blut senken. Das heißt: Fleisch- und Fischgerichte rational reduzieren und ausreichend Gemüse in die Ernährung mit einbeziehen.

Ebenso wichtig ist es, leichte und richtig gewürzte Kost zu sich zu nehmen – Magen und Darm werden es Ihnen danken.

Einer Beobachtung zufolge werden Asiaten älter als Europäer und ihr Erscheinungsbild wirkt auch im Alter jugendlich. Die Hauptmahlzeit des Durchschnittschinesen besteht aus Gemüsen (mit Reis); die Hauptmahlzeit des Europäers aus Fleisch oder Fisch und das Gemüse wird nur als Beilage verstanden. Hier könnte ein Ansatzpunkt für Ihre zukünftige, gesunde Ernährung liegen!

Geronnener weicher Tofu wird mit Zucker und Nüssen als Dessert gegessen.

Frischer Tofu hält sich nur wenige Tage und muß rasch verarbeitet werden.

Leicht gesäuerten Tofu kann man in Gewürzsaucen einlegen, am nächsten Tag auspressen und mit verschiedenen Gewürzen kochen; auf diese Weise werden Tofu-Snacks zubereitet.

Eingelegter Tofu kann auch frittiert werden; er wird als Würzzusatz verwendet und traditionell zum Frühstück in Reissuppe serviert.

Wollen Sie auf Fleisch (noch) nicht ganz verzichten: Gemüse mit Tofu bieten völlig neue Geschmacksvarianten!

Besonderheiten der chinesischen, vegetarischen Küche

Dem Gemüse gebührt eine Sonderstellung in der chinesischen Küche. Die Vielfalt der Sorten und des Geschmacks stellen auch Feinschmecker zufrieden. Im Laufe der Zeit haben sich einige Veränderungen bei den Zubereitungsmethoden ergeben, ebenso gibt es neue Gemüsezüchtungen. Nach wie vor gilt: frisches Gemüse schlicht und einfach zubereiten und die geschmackliche Einmaligkeit des jeweiligen Gemüses betonen.

Zu diesen Gemüsezubereitungen gehört oft Tofu[1]. Seine Verwendungsmöglichkeiten sind je nach Grundprodukt vielfältig:

---

[1] Tofu wird aus gelben Sojabohnen oder Mungobohnen hergestellt und wird im Handel häufig als Sojabohnenquark angeboten. Er enthält viel Eiweiß und eine bedeutende Menge B-Vitamine.

Eingelegter Kohlrabi, S. 26 ▷

Schneidetechnik

Für das Aussehen von Gemüse, aber auch für den Geschmack ist die Schneidetechnik sehr wichtig. Auch hier gilt: „Das Auge ißt mit!" und durch die ansprechende Schneidetechnik können bisherige „Nicht-Gemüse-Esser" leichter überzeugt werden.

Damit sich das Aroma richtig entfalten kann, muß beim Schneiden auch die Faserrichtung beachtet werden. Bambus beispielsweise muß quer zur Faser geschnitten werden, sonst ist er zäh.

Es gibt für Meisterköche ca. 20 Schneidetechniken. Wir begrenzen uns hier auf die wesentlichsten Punkte.

In Scheiben schneiden
Zuerst werden die Randstücke entfernt. Wieviel, richtet sich nach Alter und Zustand der Gemüse.
Längliches Gemüse (z.B. Möhren) schräg schneiden,
rundes Gemüse (z.B. Kohlrabi) gerade schneiden.
Die Dicke der Scheiben hängt vom jeweiligen Rezept und Gemüse ab.

In Streifen schneiden
Wichtig ist auch hier, zuvor das Gemüse wie unter 1. beschrieben in Scheiben zu schneiden, erst im zweiten Arbeitsgang werden die Gemüse dann in Streifen geschnitten. Sie legen entweder die einzelnen Scheiben übereinander oder gefächert nebeneinander und schneiden sie dann in Streifen.

In Würfel schneiden
Nachdem die ersten beiden Schritte (Scheiben schneiden und Streifen schneiden) erledigt sind, können Würfel entstehen. Dabei ist wichtig, daß Sie einheitliche Maße beachten. Bereits beim Scheibenschneiden müssen Sie die jeweilige Länge des Würfels festlegen. Zum Beispiel 1 cm große Scheiben ergeben 1 cm große Streifen und daraus entstehen dann 1 cm große Würfel.

Rollend / in Dreiecke schneiden
Zunächst die Randstücke schräg abschneiden. Dann nach jeweils einer Vierteldrehung eine Scheibe schräg abschneiden. Durch die Drehung entstehen dreieckige Gemüsestücke.

Das Einschneiden
Die Einschneidetechnik ermöglicht es, Gewürze oder Tofu in einer Art Tasche im Gemüse mitzugaren. Es gibt zwei Methoden:
Sie schneiden zuerst dicke Scheiben und schneiden parallel in diese ein Tasche, die zu $^2/_3$ in die Scheibe reicht (z.B. bei Auberginen). Oder Sie schneiden das ganze Gemüsestück zu $^2/_3$ ein und schneiden erst dann, quer zum Einschnitt ganz durch (z.B. bei Möhren).

Feinhacken
Das Gemüse wird in grobe Stücke geschnitten und dann mit zwei sehr scharfen Messern gleichzeitig feingehackt. Damit das Gemüse dabei nicht vom Schneidebrett fällt, ein feuchtes Küchentuch einrollen und um den Rand legen.

Chinesische Kochtechniken

Kochgeräte

Kochtopf, Pfanne oder Wok: Der Wok ist ein Topf in Form einer Halbkugel mit Deckel, den es in verschiedenen Größen und Materialausführungen zu kaufen gibt. Woks aus Gußeisen oder Edelstahl sind besonders empfehlenswert. Die Woks mit Anti-Haftbeschichtung lassen sich nicht so hoch erhitzen wie die erstgenannten. Für den Elektroherd eignen sich nur Woks mit abgeflachtem Boden, für Gasherde gibt es Metallringe als Aufsatz und für das Kochen am Tisch sind Woks mit Rechaud erhältlich.

Steam-Basket mit Chromgitter: Diese Bambus-Gareinsätze werden zum Dämpfen auf ein Gitter in den Wok gesetzt und mit einem Küchentuch abgedeckt. Als Ersatz eignet sich auch ein herkömmlicher Dampfkochtopf mit Siebeinsatz.

Stäbchen: Zum Bewegen der Zutaten im Wok, zum Servieren und Essen. In den verschiedensten Materialien erhältlich, zum Kochen sind am besten Holzstäbchen geeignet.

Siebkelle, feines Sieb und Auffangschale, Porzellanlöffel und Zahnstocher sind weitere benötigte Utensilien.

Kochtechnik

Die Kochtechnik der chinesischen Küche beachtet besonders die Farbe, den Duft und den Geschmack. Die besten Gemüse behalten ihren eigenen Charakter und Eigengeschmack, der die richtige Delikatesse erst ausmacht.

Deutschland und China kennen die gleichen Garmethoden, wie das Frittieren, das Braten, das Schmoren, das Kochen und das Blanchieren; die Unterschiede bestehen in der Technik. In Deutschland wird meist in einem Frittiervorgang fertig gegart, das chinesische Frittieren sieht jedoch meist zwei Frittiervorgänge für ein Gemüsegericht vor. Im ersten Durchgang wird z.B. 2 – 3 Min. frittiert, dann wird das Gemüse herausgenommen, um gut abzutropfen und dann nach fünfminütiger Pause nochmals in einem zweiten Vorgang zu Ende frittiert zu werden. Diese zweimalige, kurze Garzeit gibt dem chinesischen Gemüse einen knackigen, saftigen Charakter. Innen ist das Gemüse zart, es behält sein natürliches Aroma und die Vitamine.
Bei der Garzeit von Gemüse muß zwischen Zart- bzw. Blattgemüse (wie Salat, Spinat und Spitzkohl) oder festem Gemüse (wie Möhren, Lauch oder Kohlrabi, um nur einige zu nennen) unterschieden und in der Reihenfolge der Zutaten beim Zubereiten berücksichtigt werden.

Kurzes Blanchieren für Zartgemüse (Blattgemüse)

Ungesalzenes Wasser in einem Topf erhitzen. Das Gemüse mit der Hand zerkleinern, damit das Aroma erhalten bleibt, und in das kochende Wasser geben. Je nach Rezept dann nur 2 – 3 Min. im Wasser belassen. Über ein Sieb abschütten und das Gemüse nach Rezept weiter verwenden.

Pfanne zweimal ausschwenken

Das zweimalige Ausschwenken der Pfanne ist wichtig, damit der Pfanneninhalt beim Arbeiten nicht klebt. Diese Technik kommt in vielen Rezepten vor:
Eine Pfanne ohne Öl auf der Kochplatte stark erhitzen, dann mit mindestens ½ l Öl ausschwenken und danach das heiße Öl in einen Metalltopf abgießen. Die heiße Pfanne wieder auf der Herdplatte erhitzen, bis sich Rauch bildet. Das bereits erhitzte Öl in die Pfanne zurückgeben und nochmals ausschwenken. Danach kommt das Öl wieder in den Metalltopf zurück, wo es verbleiben kann, bis es wieder Verwendung findet. Das Öl läßt sich problemlos aufbewahren, weil durch das Erhitzen sich keine Keime mehr darin befinden können.

Frittieren

Das Öl aus dem Vorratsgefäß in die zweimal ausgeschwenkte Pfanne gießen, erhitzen und die Gemüse in das heiße Öl geben. Je nach Rezept 2 – 3 Minuten im heißen Öl garen (frittieren).
Das frittierte Gemüse mit einem Sieb herausnehmen, gut abtropfen lassen und, je nach Rezept, nochmals frittieren.

Braten

Auch hier wird die Pfanne, wie beim Frittieren, zweimal mit Öl ausgeschwenkt. Nach dem zweiten Ausschwenken kommt das Öl in das Vorratsgefäß, in der Pfanne verbleibt etwas Restöl.
Das zu bratende Gemüse kommt in die heiße Pfanne mit dem Restöl und wird mit einer starken, schnellen und gleichmäßigen Bewegung der Pfanne gebraten. Um beim Zubereiten von Gemüse ein gutes Ergebnis zu erzielen, muß mit sehr hoher Hitze, knappster Garzeit und starker Pfannenbewegung gearbeitet werden. So bleibt das Gemüse außen knackig und innen zart und weist eine frische Farbe auf. Die Vitamine bleiben so besser erhalten.

Parallelkochen, Kochen mit zwei Pfannen

Hierbei werden zwei Pfannen zweimal mit Öl ausgeschwenkt. Es ist für einige Gerichte mit mehreren Gemüsearten wichtig, daß das frittierte Gemüse zur gleichen Zeit fertig ist, wie die Zubereitung von Gewürzmischungen oder Soßen. Die frittierten Gemüse dürfen nicht erkalten, weil sonst die Gewürze oder Soßen nicht in das Gemüse einziehen können. Dieser Vorgang ist für den Geschmack sehr wesentlich und das Gemüse bleibt außen knackig, innen zart und wird sehr aromatisch.

Maßangaben

1 RS = 1 Reisschale = ca. ¼ Liter = ca. 30 Eßlöffel
2 Teelöffel = 1 Eßlöffel
EL = Eßlöffel
TL = Teelöffel
g = Gramm
l = Liter
ml = Milliliter
Msp. = Messerspitze
Min. = Minuten
Sek. = Sekunden

Die Rezepte sind für zwei bis drei Personen berechnet.

Frittierter Tofu, S. 66 ▷

Besondere Zutaten

Dhang-Gue-Wurzel

Die Wurzel wird vor allem in der chinesischen Heilkunde benutzt (lat. Angelica Sinensis). Sie findet aber auch in Suppen Verwendung und ist in verschiedenen Formen erhältlich: als ganze getrocknete Wurzeln oder harte Würfel, die aber sehr schwer zu schneiden sind, oder fertig geschnitten, in langen Scheiben. Wir empfehlen deshalb, Dhang-Gue-Wurzeln in Scheibenform zu kaufen.

Essig

Zhejiang-Essig: Ein nur fünfprozentiger, leichter Essig, der eine sehr helle Farbe und ein süßsaures Aroma hat. Er wird oft zum Abschmecken verwendet.

Der in den Rezepten angegebene 25prozentige Essig sollte – wegen seines Geschmacks – möglichst Obstessig sein.

Gewürze

Fünf-Gewürz-Pulver ist eine wichtige Würzzutat. Die Mischung ist von brauner Färbung und duftet sehr intensiv scharf-süßlich. Normalerweise verwendet man eine fertige Gewürzmischung, die je nach Hersteller ein unterschiedliches Aroma aufweisen kann. Sie können das Fünfgewürzpulver aber auch selbst mit den folgenden Zutaten mischen (die

übrigens auch je nach Provinz variieren): Sternanis, Szechuanpfeffer, Nelken, Zimt und Süßholzwurzel (und / oder Piment und Anis).

Sa-Cha-Chiang-Soße: Sie wird auch chinesische Barbecue-Soße genannt. Diese Gewürzsoße besteht aus Nußöl, Wasser, Knoblauch, Schalotten, Salz, Zucker und Chili. Man verwendet sie zu Suppe, Salat oder Braten. Ursprünglich stammt die Soße aus Indonesien. In China ist sie besonders beliebt zum Feuertopf.

Sambal: scharfe Chilipaste, wird von verschiedenen Herstellern angeboten (z.B. Olek).

Wasabi ist hellgrün, vom Geschmack etwa mit dem in Europa gebräuchlichen Meerrettich zu vergleichen und meist als Pulver erhältlich. Wasabi stammt ursprünglich aus der japanischen Küche und ist ein typisches asiatisches Gewürz.
Zur Zubereitung verrühren Sie 3 – 5 EL lauwarmes Wasser mit 2 EL Wasabipulver in einer Reisschale. Dann stürzen Sie die Reisschale auf einen Teller und lassen sie für ca. 20 Min. an einem warmen Platz ruhen. Am besten stellen Sie diesen Teller auf eine lauwarme Heizung.

Ginkgo-Nüsse

Ginkgo-Nüsse sind so groß wie Erdnüsse und häufiger Bestandteil von Gemüsegerichten. Sie sind in Dosen erhältlich.
Die Kerne der Ginkgo-Nüsse werden als Naturheilmittel verwendet.

Staudensellerie- und Zuckerschotensalat, Seite 22/23 ▷

Glasnudelteig

Sojabohnen bilden die Basis für den Glasnudelteig (wie auch für die Glasnudeln). Es gibt frisch zubereiteten Glasnudelteig und getrockneten Teig zu kaufen. Der frische Teig kann sofort weiterverarbeitet werden, der getrocknete muß in heißem Wasser eingeweicht werden (für Salate, Brat- und Schmorgerichte). Die Glasnudelplatten sind auch unter der Bezeichnung Thjen-Thing erhältlich.

Haarseegras

Haarseegras wächst auf dem Meeresgrund und ist ein Seegemüse wie auch Seetang. Es ist aber kleiner und dünner, daher sein Name, und hat ein spezielles Aroma.
Haarseegras wird vor dem Verarbeiten ca. 10 – 20 Min. eingeweicht, dann mit einem Sieb aus dem Wasser gehoben, abgetrocknet und je nach Rezept verwendet (für Schmor- oder Bratrezepte und Suppen).

Haarseegras

Lilienblütengemüse

Die getrockneten Knospen der Lilie sind auch unter dem Namen „Goldnadeln" (direkte Übersetzung des chinesischen Namens) bekannt und sind in heller und dunkler Qualität erhältlich; am besten sind die mit einem gelb-orangen Farbton. Das getrocknete Gemüse behält sein Aroma in einem geschlossenen Glasgefäß, sein Geschmack ist leicht säuerlich.

Lotoskerne

Lilienblütenknospen

Die getrockneten Lilienblütenknospen müssen mind. ½ Stunde in heißem Wasser eingeweicht werden und vor der Weiterverarbeitung sollten die harten Reste der Stiele entfernt werden. Dieses Gemüse wird vor allem gebraten oder in Suppen verwendet.

Lotoskerne

Lotoskerne sind die getrockneten Lotossamen, die manchmal auch kandiert angeboten werden. Vor der Zubereitung müssen die Lotoskerne eingeweicht werden (siehe Abbildung oben).

Öl

In der chinesischen Küche wird das Frittieröl wiederverwendet. Da es „abgekocht" ist, enthält es keine Keime mehr und ist besonders magenfreundlich.
Zur Aufbewahrung das Frittieröl abkühlen und die enthaltenen Schwebstoffe am Boden absetzen lassen. Vorsichtig abgießen und in einem Vorratsgefäß im Kühlschrank aufbewahren. Dieses Öl kann zu nochmaligem Frittieren verwendet werden, es dient auch als Bratfett.

Champignons, Seite 43 ▷

Pak Choi

Pak Choi (auch
Bok Choy oder Pak Soi) ist
chinesischer Senfkohl, ein Blatt-
kohlgemüse. Der bei uns erhältliche wird vorzugsweise in den Niederlanden angebaut.

Chinesische Pilze

Die meisten dieser Pilze sind entweder getrocknet oder in Dosen erhältlich. Die getrockneten Pilze sollten dick sein und besonders
beim Einweichen aromatisch duften, ihre Farbe sollte frisch und nicht zu dunkel aussehen.
Je nach Art und Alter der getrockneten Pilze ergeben sie nach dem Einweichen das zwei- bis
fünffache ihrer Menge.

Blumenpilze sind unter dem Namen Tonku,
bei uns auch als Shiitake, bekannt und sind
frisch und getrocknet erhältlich. Getrocknete
Tonku haben ein intensiveres Aroma und müssen vor der Zubereitung eingeweicht werden
(diese Pilze quellen zum drei- bis vierfachen
ihres Trockenvolumens auf): In der vierfachen
Menge heißen Wassers 1 Stunde einweichen.
Das Einweichwasser abgießen und die Pilze
nochmals 20 Min. in kaltem Wasser einweichen. Dann können Sie nach Rezept weiterverarbeitet werden.
Falls Sie die eingeweichten Blumenpilze nicht
sofort verwenden, nicht im Wasser stehen
lassen, dort verlieren sie ihr Aroma. Wickeln
Sie die Pilze in Frischhaltefolie ein und bewah-
ren Sie die Tonku im Kühlschrank auf.

Graspilze, auch Strohpilze genannt, haben
ihren Namen durch ihre Zucht auf Reisgras, ihr
Aussehen ähnelt kleinen Vogeleiern und sie
sind in der Mitte braun bis schwarz, nach
unten heller werdend (siehe Abbildung unten).
Es gibt sie getrocknet oder der Dose zu kaufen.

Holzohrenpilze sind unregelmäßig geformte
dunkelbraune Morcheln, ungefähr handteller-
groß. Sie haben einen zarten Geschmack und
sind von knackiger Beschaffenheit. Holzohrenpilze werden zusammen mit Gemüse gebraten oder in der Suppe mitgekocht.
In der chinesischen Naturheilkunde wird der
getrocknete Holzohrenpilz zur Zubereitung von
medizinischen Suppen benutzt. Auch bekannt
unter dem Namen Mu-err-Pilze.

Lilienblumenpilze, auch Enoki genannt, haben
einen langen weißen Stiel, sind weiß oder hell-
braun und sehen aus wie kleine Schirmchen.

Enoki

Graspilze

Reisnudeln

Reisnudeln werden aus Langkornreis, Wasser
und Salz hergestellt. Es gibt sie dick oder dünn
zu kaufen: Die dünnen sind zu bevorzugen,
weil sie eine wesentlich kürzere Garzeit haben; sie werden als Suppeneinlage verwendet. Dicke Reisnudeln werden häufig gebraten, sie müssen immer erst 15 Min. in heißem
Wasser einweichen, bevor sie weiterverarbeitet werden.

Szechuangemüse

Szechuangemüse besteht aus Senfkohl, in Salz und Chili eingelegt und fermentiert. Es ist sehr salzhaltig, daher wird es vor dem Gebrauch immer ½ Stunde in Wasser eingeweicht und dann mit einem Handtuch vorsichtig abgetrocknet. Danach können Sie Szechuangemüse je nach Rezept weiterverarbeiten.
Szechuangemüse wird auch getrocknet verkauft.

Taro

Taro
ist eine
grobfaserige,
kartoffelähnliche Wurzelknolle in verschiedenen Größen. Nach dem Schälen und Schneiden in Salzwasser waschen. Anschließend schmoren, braten, in Suppen zubereiten oder zu Gebäck verarbeiten.
Es gibt auch eine kleine Tarosorte namens Eddo. Diese hat eine festere Beschaffenheit mit leicht süßem Geschmack. Das Grün des Tarogemüses, ähnlich dem Sellerie, aber mit neutralem Gemüsegeschmack, wird ebenfalls verwendet: gebraten und in Suppen gekocht.

Tofu

Tofu wird aus der Sojabohne gewonnen. In Deutschland ist die gängige Verpackungseinheit 500 g. Wenn Sie die Verpackung und die Flüssigkeit entfernen erhalten Sie in etwa 480 g Tofu.

Gepreßter Tofu entsteht, indem frischem Tofu unter Druck das Wasser entzogen wird. Anschließend wird er getrocknet. Gepreßter oder getrockneter Tofu gelangt in den Handel als Tofuwurst oder Tofustäbe, sowie in Formen gepreßt wie Tofufisch, Tofuhuhn, Tofuente...
Zur Zubereitung wird er, wenn nötig, geschnitten, gewaschen und dann gebraten oder in der Suppe gekocht.

Tofublätter / Tofuplatten werden durch Kochen von Tofumilch hergestellt. Wie beim Kochen von Kuhmilch eine Haut auf der Oberfläche entsteht, so ist dies auch bei Tofumilch der Fall. Diese Haut wird abgezogen und getrocknet.
Die jetzt entstandenen Tofublätter werden nach dem Einweichen entweder als Teighülle für Frühlingsrollen benutzt oder zerkleinert zusammen mit Gemüse zubereitet oder auch in Suppen gekocht.

Wasserkastanien

Wenn Sie keine frischen Wasserkastanien erhalten, so nehmen Sie Dosenware und gießen das Dosenwasser ab. Das Einlegen von Dosen-Wasserkastanien in Gewürze dauert aber mindestens ½ Tag, am besten lassen Sie sie über Nacht im Kühlschrank einwirken. Wasserkastanien schmecken gut im Salat, eine leckere Variante ist aber auch das Anbraten.

Weizenmehlklößchen

Beachten Sie bitte, daß die Weizenmehlklößchen in heißem Wasser ihr Gewicht verdoppeln. Sie können die Klößchen frisch oder in der Dose kaufen.

Grundrezepte

Gemüsebrühe

600 g gelbe Sojabohnen
1 ½ l Einweichwasser
100 g Stiele von Blumenpilzen
200 g Maronen, ohne Schale
30 g Kandiszucker
6 l Wasser

Gelbe Bohnen über Nacht in Wasser einweichen. Einweichwasser am anderen Tag abgießen und die Bohnen abspülen.
6 l Wasser zum Kochen bringen, Bohnen und alle Zutaten hineingeben. Der Kochvorgang zieht sich über 3 Tage hin:
Jeden Tag wird die Brühe 3 Stunden bei geschlossenem Deckel auf kleiner Flamme gekocht. Nach dem letzten Kochen sollte die Brühe gelblich und die Bohnen weich sein. Sie erhalten ca. 3 – 4 l Brühe.
Diese Brühe durch ein Sieb in ein Vorratsgefäß füllen, so daß alle ausgekochten Zutaten entfernt werden.
Die Brühe auskühlen lassen und im Kühlschrank bis zur Verwendung aufbewahren. Je nach Rezept entnehmen Sie dann die jeweilige Menge an Brühe und kochen immer nur die benötigte Menge auf.

Frittierteig (Panade)

350 g Weizenmehl
50 g Kartoffelmehl
1 Ei
2 EL Backpulver
¼ l Wasser
1 TL Salz
10 EL Salatöl (z.B. Sonnenblumenöl)

Mehl mit Backpulver vermischen, dann Ei, Wasser und Salz hinzufügen, vermengen und zum Schluß das Öl mit einem Schneebesen unterrühren.
Den Teig vor Gebrauch 30 Min. an einem warmen Ort ruhen lassen.
Diese Menge reicht für ca. 2 – 3 Portionen.

Mehlklößchen

Mehlklößchen sind ein wichtiger Bestandteil der vegetarischen Küche und dienen auch als Fleischersatz. Hergestellt werden sie aus Weizenmehl. Die Mehlklößchen werden in heißem Wasser eingeweicht, ausgedrückt und mit Gemüse oder in der Suppe gegart. Sie werden auch geschmort oder mit Füllung frittiert. Mehlklößchen sind getrocknet oder in Dosen erhältlich. Sie können die Mehlklößchen auch nach folgendem Rezept selbst herstellen:

1 ½ RS Weizenmehl
½ RS Wasser
1 EL Salz
½ RS Öl

In einer großen Reisschale die Zutaten zu einem glatten Teig verarbeiten, der ziemlich hart werden soll.
Den Teig sorgfältig durchkneten und dabei langsam Öl zugeben, bis der Teig elastisch und weich ist.
1 Stunde zugedeckt stehen lassen, danach in ein dünnes, poröses Tuch fest einschlagen und unter fließendem Wasser kneten und pressen. Das Mehl wird ausgewaschen und nur der Kleberanteil des Weizenmehls bleibt zurück. Solange weiterkneten, bis das abfließende Wasser klar bleibt.

Der Teig hat nun eine ähnliche Beschaffenheit wie weicher Kaugummi. Das restliche Wasser noch ausdrücken und den Teig in kleinen Stükken aus dem Tuch nehmen. Zu kleinen Klößen formen, die sofort in Öl auf mittlerer Hitze frittiert werden.

Sie sinken zunächst auf den Boden und kommen dann wieder an die Oberfläche, wobei sie aufgehen. Evtl. mit einer Schöpfkelle nochmals kurz nach unten drücken, bis die Klöße auch innen gar sind, was nach ca. 2 – 3 Min. Frittierzeit der Fall ist. Klößchen herausnehmen und abtropfen lassen.

In China läßt man die frischen Mehlklöße im Sommer 3 – 5 Tage trocknen und lagert sie dann für das kommende Jahr. Für die Zubereitung werden sie eingeweicht. Mehlklößchen der besten Qualität sind rund, sehr leicht und innen hohl.

Reis

Eine Reisschale Reiskörner ergibt ca. die doppelte Menge gekochten Reis.

Zwei Schalen Reis gründlich mit kaltem Wasser waschen, bis das Wasser klar bleibt.

Reis in einen Topf geben, zwei Reisschalen Wasser zugießen und kurz umrühren. Deckel auflegen und den Reis zum Kochen bringen. Umrühren, Hitze auf mittlere Stärke reduzieren, Deckel auflegen und 5 Min. köcheln lassen. Hitze abstellen und den Reis bei aufgelegtem Deckel noch 5 Min. quellen lassen.

Je älter der Reis ist, desto mehr Wasser und Zeit benötigt er, um gar zu werden. Der Unterschied zwischen alt und jung ist am Aussehen zu erkennen: junger Reis glänzt noch schön hell, alter Reis ist matt und rauh.

Karamelisierter Zucker

¾ RS Zucker
2 EL Öl
½ RS Wasser

Eine Pfanne auf der Herdplatte erwärmen, den Zucker hineingeben und unter ständigem Rühren anrösten. Dann das Öl zufügen, so lange rühren, bis sich der Zucker verflüssigt hat und er eine dunkle Farbe hat.

Wasser hineinrühren und schnell ca. 1 – 2 Min. weiterrühren. Der karamelisierte Zucker sieht dann aus wie Kaffee.

Diese heiße Flüssigkeit zum Abkühlen in einen Metalltopf oder eine Metallschüssel gießen, sie wird dann flüsig wie Honig und kann bei Zimmertemperatur aufbewahrt werden. Der so hergestellte Vorrat reicht für ca. 8 – 10 Rezepte. Karamelisierter Zucker wird vorwiegend zu Schmorgerichten verwendet (z.B. geschmorter Tofu).

Süße Bohnensoße

3 EL Sojabohnensoße
1 ½ EL Zucker
2 EL Reiswein
1 EL Sesamöl

Diese Zutaten werden verrührt und schon ist die süße Sojabohnensoße fertig, sie ist aber auch fertig erhältlich.

Schwarze Bohnenpaste

fermentierte Bohnen

Schwarze Bohnenpaste besteht aus ganzen, durch Fermentieren hergestellten schwarzen Sojabohnen. Sie hat einen sehr starken, salzigen Geschmack. Schwarze Bohnenpaste wird nach dem Einweichen und Säubern zusammen mit Knoblauch und Ingwer zu einer Würzsoße angerührt. Durch das Einweichen verliert sich der sonst zu starke Salzgehalt.
Die fertig zu kaufende schwarze Bohnenpaste kann sofort verarbeitet werden.

Einlegen von Ingwer

200 g frischen, jungen Ingwer, ungeschält, drei Tage bei Zimmertemperatur trocknen lassen. In eine Mischung aus 1 l Wasser, $^1/_2$ RS weißem Essig (25 %), $^2/_3$ RS braunem Zucker, 5 EL Kao-Liang-Schnaps und 2 TL Salz geben und in einem verschlossenen Tontopf oder Glasgefäß mindestens zwei Monate ziehen lassen.

Junger Ingwer ist weiß, wie Spargel, und etwas hart, mit milderem Aroma als alter Ingwer. Mit altem Ingwer läßt sich dieses Rezept nicht zubereiten, auch der Geschmack ist ganz anders.
Eingelegter Ingwer wird zu kalten Platten und zum Frühstück serviert.

Einlegen von Knoblauch

300 g junger Knoblauch, geschält, wird in einer Mischung aus 1 l süßsaurem Zhejiang-Essig (5 %) und einer $^1/_4$ RS Essig (25 %) eingelegt. In einem verschlossenem Tontopf oder Glasgefäß läßt man den Knoblauch mindestens einen Monat ziehen.
Dieses Rezept stammt aus der Provinz Yannan. Eingelegter Knoblauch wird auch zu kalten Platten gereicht.

Chiliöl

Chiliöl kann man fertig kaufen, oder auch leicht selbst herstellen:

50 g Chilischoten, getrocknet oder als Pulver
10 g Szechuanpfefferkörner
20 g Ingwer, feingehackt
20 g Frühlingszwiebel, nur das Weiße, feingehackt
50 g junger Stangensellerie
30 g Möhren, in feine Streifen geschnitten

1 l Speiseöl

Alle Zutaten in einen Metalltopf füllen und mit 1 l heißem Speiseöl übergießen. Das Speiseöl muß so heiß sein, wie beim Frittieren.
Nun alles 2 – 3 Stunden ziehen lassen und danach durch ein Sieb abgießen. Dieses Öl wird als Chiliöl weiterverwendet.

Möhrenöl

500 g große, dicke Möhren schälen und mit der Kante eines Holzstäbchens Möhrenspäne abschaben. Je nach Dicke und Qualität der Möhre ist die carotinhaltigere Schicht um den sog. Holzkörper dicker und die Menge an Spänen größer.
Die beim Abschaben entstehende Flüssigkeit wird zusammen mit den Möhrenspänen in $^1/_2$ l Sonnenblumenöl für 3 – 5 Min. frittiert. Anschließend die Späne mit einem feinen Sieb herausnehmen und das Öl abtropfen lassen.

Das selbsthergestellte, cognacfarbene Möhrenöl verfeinert den Geschmack der Speisen und eignet sich auch hervorragend für Salate.

Tofusalat mit Cashewnüssen / Blumenpilzsalat, S. 20/21 ▷

Salate & marinierte Gemüse

Scharfer Rettichsalat

La Lobo

800 g weißer Rettich
2 TL Salz
40 g junger Ingwer, in Streifen geschnitten
30 g frische Chili, in Streifen geschnitten

Gewürze zum Frittieren:
3 Chilischoten, getrocknet und halbiert
1 ½ TL Szechuanpfefferkörner

Gewürze für den Salat:
½ RS Erdnußöl
½ TL Salz
2 EL Essig (25%)
2 EL Zucker
5 EL Sesamöl

Rettich waschen und schälen, Enden abschneiden. Rettich in dünne Scheiben schneiden und in einer großen Reisschale mit 2 TL Salz vermischt ca. ½ Stunde ziehen lassen. Dann den Rettich mit Wasser abspülen und vorsichtig ausdrücken.
Ingwer und frische Chili in einer Reisschale mischen und zur Seite stellen.
In einer heißen Pfanne ½ RS Öl erhitzen und wenn das Öl zu rauchen beginnt, die getrockneten Chili und die Szechuanpfefferkörner hineingeben und frittieren, bis sie dunkel sind.
Dieses heiße Öl durch ein Sieb über die Ingwer-Chili-Mischung und den Rettich gießen.
Die frittierten Gewürze werden durch das Sieb aufgefangen und nicht mehr benötigt.
Mit den restlichen Salat-Gewürzen abschmekken und verrühren.
Vor dem Servieren mindestens eine Stunde im Kühlschrank abkühlen lassen und kalt servieren. Als Beilage eignen sich gesalzene Nüsse.

Tofusalat mit Cashewnüssen

Tofu-Shala

480 g frischer Tofu
80 g Essiggurke (Sojasaucen-Essiggurke)
15 g chinesische Petersilie (Koriander) oder
großblättrige Petersilie
60 g fertig frittierte salzige Cashewnüsse

Gewürze:
1 EL Knoblauch, feingehackt
1 EL Ingwer, feingehackt
1 EL Frühlingszwiebel, feingehackt
5 EL dunkles Sesamöl
1 TL Sambal
1 TL Essig (25%)
1 ½ EL Zucker
1 ½ EL Sojasauce oder süße Sojasauce
1 Prise Pfeffer
½ TL Salz

Tofu im ganzen Stück blanchieren und zum schnelleren Abkühlen in kaltes Wasser geben. Dort 20 Min. ziehen lassen, anschließend herausnehmen und zerdrücken.
Die Essiggurke fein schneiden.
Petersilie schneiden, Cashewnüsse evtl. im Mörser zerkleinern.
In einer großen Reisschale Tofu, Essiggurke, Petersilie und Cashewnüsse vermengen.
Gewürzzutaten in einer kleinen Reisschale vermischen und über die Salatzutaten geben.
Im Kühlschrank noch etwa 15 Min. kalt stellen, dann servieren.

Blumenkohl

Tsai-Hoa

450 g Blumenkohlröschen

Gewürze:
1 ½ EL Zucker
1 TL Glutamat
1 TL Essig (25%)
1 TL Salz, je nach Geschmack
1 ½ EL Chiliöl (s. S. 18)
etwas schwarzen Pfeffer
2 EL Sojasauce
5 EL Salatöl

Blumenkohlröschen bei Bedarf zerteilen, so daß die Stücke noch mundgerecht sind. Danach in 1 l heißem Wasser 5 Min. blanchieren. Heißes Wasser abgießen und Blumenkohl 10 – 15 Min. in kaltem Wasser abkühlen. Blumenkohlröschen in einer Schüssel oder Schale anrichten, die Gewürze gut verrühren und über den Blumenkohl geben; alles miteinander gut vermengen.
Vor dem Servieren mindestens 20 Min. zugedeckt im Kühlschrank ziehen lassen.

Blumenpilzsalat

Tong-Qu-Shala

120 g Schneegemüse[2] aus der Dose
150 g Lilienblumenpilze / Enoki aus der Dose
350 g weißer Rettich

Gewürze:
1 ½ EL Wasabipulver
1 EL heißes Wasser
1 EL Zucker
1 ½ EL Essig (25%)
3 EL Sojasauce
4 EL Sesampaste
3 EL Sesamöl
2 EL Sambal
2 Prisen Salz

Schneegemüse und Lilienblumenpilze aus der Dose nehmen, den Saft abschütten und das Gemüse auspressen.
Den Rettich waschen, die Haut abschaben und den Rettich in Streifen schneiden.
Wasabipulver in einer Reisschale mit heißem Wasser vermischen und wie auf Seite 10 beschrieben verarbeiten.
In einer großen Reisschale die restlichen Gewürzzutaten mischen.
Schneegemüse zusammen mit den Lilienblumenpilzen und dem Rettich in die Schale geben und alles gründlich vermengen. Mit einem Deckel verschließen und vor dem Servieren eine Stunde durchziehen lassen.

---

[2] Dieses Gemüse ist dem Pak Choi sehr ähnlich, es ist jedoch länger und fester. Wegen seines scharfen und bitteren Geschmacks kann es nicht frisch gegessen werden, sondern wird in Salz eingelegt, gewalzt und in Töpfen aufbewahrt.

Chicorée

Ku-cai

400 g Chicorée

Gewürze:
1 ½ EL Erdnußpaste
1 ½ EL Zucker, 1 TL Glutamat
1 ½ EL Sojasauce
3 EL Essig (25%), 3 EL Salatöl
1 Prise Pfeffer, ½ TL Salz

Chicorée in Streifen schneiden und dann in kochendem Wasser 1 Min. blanchieren. Danach sofort in kaltes Wasser geben und 5 Min. stehen lassen, anschließend gut abtropfen. Gewürzzutaten in einer Schale verrühren und mit den Chicoréestreifen vermengen.
Sofort servieren.

Zucchinisalat

Quien-To-Shala

500 g Zucchini

Gewürze:
1 ½ EL süße Bohnensoße (s.S.17)
oder Sojasauce
4 EL Essig (5%)
2 EL Zucker
1 ½ EL Ingwer, zerdrückt
5 EL Sesamöl
2 EL Möhrenöl (s.S.18)
2 EL Knoblauch, feingehackt
3 EL Chiliöl (s.S.18)
1 TL Glutamat
3 EL Zhejiang-Essig oder normaler Essig (5 %)
2 EL Sesampaste

Zucchini waschen, Enden kappen und die ungeschälten Zucchini in Streifen schneiden. In 1 l heißem Wasser 3 Min. blanchieren und abtropfen lassen.
In einer Reisschale sämtliche Gewürzzutaten verrühren.
Zucchini mit der Soße vermengen und 10 Min. im Kühlschrank ziehen lassen. Dann servieren.

Staudenselleriesalat

Ching Zai Shala

600 g junger Staudensellerie
(oder Knollensellerie)

Gewürze:
1 EL Essig (25%)
1 EL süße Sojasauce
2 EL Knoblauch, feingehackt
4 EL Sesamöl
2 EL Sesampaste
1 Prise Szechuanpfeffer, gemahlen
3 EL Sojasauce
5 EL Wasser
1 ½ EL Zucker
½ TL Salz

Staudensellerie waschen, alle Faserfäden entfernen und das Gemüse in mundgerechte Stücke zerkleinern.
Stauden- oder Knollensellerie ca. 1 – 2 Min. blanchieren, anschließend mit kaltem Wasser abschrecken und 10 Min. im kalten Wasser abkühlen lassen. Herausnehmen und abtropfen lassen.
In der Zwischenzeit die Gewürze für die Soße vermischen. Den Sellerie in die Soßenmischung geben, auf einem Teller anrichten und servieren.

Tip: Bevor Sie den Sellerie in die Gewürzmischung geben, sollten Sie diese für ungefähr 5 Min. im Kühlschrank ziehen lassen. Diese Speise läßt sich gut vorbereiten, da sie am nächsten Tag noch besser schmeckt. Das Aroma ist dann noch intensiver.

Frischer Wasserkastanien-salat

Mati-Shala

600 g frische Wasserkastanien
10 g chinesische Petersilie (Koriander),
feingehackt
2 EL Frühlingszwiebel, feingehackt
30 g Knoblauch, feingehackt
20 g eingelegter Ingwer, feingehackt (s.S.18)
10 g frische Chili, feingehackt

Gewürze:
3 EL Essig (5%)
1 ½ EL Zucker
1 TL Salz
2 Prisen Pfeffer
5 EL Sesamöl
1 EL Sambal

Die Schale von den Wasserkastanien entfernen,
die Kastanien waschen und abtropfen lassen.
Die Petersilie, Frühlingszwiebeln, Knoblauch,
Ingwer und Chili mit allen Gewürzen in 1 RS
vermischen.
Unter die Gewüzmischung nun die Wasserkastanien heben, dann 10 Min. in den Kühlschrank stellen und kalt servieren.

Römischer Salat mit Tofu

Chin-Tsai-Tsao-Tofu

380 g Römischer Salat
150 g frischer Tofu
5 EL Öl

Gewürze:
2 TL Ingwer, feingehackt
1 EL Zucker
2 EL Sojasauce
1 TL Salz
1 Prise Pfeffer

1 ½ TL Kartoffelmehl mit
3 EL Wasser vermischt
3 EL Sesamöl

Römischen Salat waschen und grob zerpflük-
ken. Den Tofu in Scheiben schneiden.
Den Römischen Salat in 1 l Wasser 2 Min.
blanchieren, herausnehmen und abtropfen lassen.
In einer heißen Pfanne oder Wok 5 EL Öl erhitzen und den Ingwer 30 Sek. anbraten. Den
Salat hineingeben und unter Rühren 2 Min.
mitbraten, danach den Tofu hinzufügen und
2 Min. weiterbraten.
Die restlichen Gewürze unterrühren, anschließend mit der Kartoffelmehl-Wasser-Mischung
andicken und mit Sesamöl abschmecken.
Sofort heiß servieren.

Zuckerschoten-Salat

450 g Zuckerschoten
20 g Ingwer, in Streifen geschnitten
20 g Porree / Lauch, in Streifen geschnitten
10 g frische Chilischoten, in Streifen
geschnitten

Gewürze:
2 EL Sesamöl
5 EL Zhejiang-Essig
1 TL Salz
3 EL Erdnußpaste
½ TL Pfeffer
1 TL weißer Essig (25 %)
2 EL Knoblauch, feingehackt
1 ½ EL Zucker

Von den Zuckerschoten die beiden Enden entfernen und die Fäden abziehen.
Die Zuckerschoten 5 Min. in Wasser einweichen, danach 2 Min. blanchieren und herausnehmen.
Den Ingwer, Porree und die frischen Chilischoten und alle Gewürze in einer großen Reisschale verrühren, danach die Zuckerschoten
untermengen und kalt servieren.

Blumenkohl mit Sa-Cha-Chiang-Soße

Tsai-Hoa-Shala

550 g Blumenkohl

Gewürze:
2 EL Zucker
1 TL Salz
1 ½ EL Sa-Cha-Chiang-Soße
⅓ RS Erdnußpaste
1 EL Sambal
2 Prisen Pfeffer
1 TL Essig (25 %)

Blumenkohl waschen und in mundgerechte Röschen teilen, dann mit 2 l Wasser 5 Min. blanchieren, herausnehmen, abtropfen lassen und kaltstellen.
Die Gewürzzutaten in einer Reisschale verrühren.
Den sorgfältig abgetropften Blumenkohl mit den Gewürzzutaten vermischen und vor dem Servieren noch 10 Min. zugedeckt im Kühlschrank ziehen lassen.
Das Aroma entwickelt sich noch besser, wenn Sie den Blumenkohl schon am Vortag anrichten und über Nacht im Kühlschrank ziehen lassen.

Szechuangemüsesalat

300 g Szechuangemüse
250 g Kohlrabi
½ TL Salz

Gewürze:
1 ½ EL Zucker
1 TL Glutamat, 4 EL Chiliöl
2 EL Seamöl, 1 TL Essig (25%)
etwas Salz

Szechuangemüse in Streifen schneiden und anschließend ½ Stunde im Wasser ziehen lassen, dann abtropfen und überschüssige Flüssigkeit auspressen.

Kohlrabi schälen, in Streifen schneiden und mit ½ TL Salz überstreuen. Deckel schließen und 20 Min. ziehen lassen, danach abwaschen und abtrocknen.
Gemüse mit den Gewürzen in einer größeren Reisschale vermischen.
Für 10 Min. in den Kühlschrank stellen und dann kalt servieren.

Möchten Sie das Gemüse stärker im Aroma, so bereiten Sie den Salat schon am Vorabend vor und stellen ihn über Nacht in den Kühlschrank.

Rettich

600 g junger Rettich

Gewürze:
2 TL Salz
2 EL Knoblauch, feingehackt
20 g getrocknete, ganze Peperoni
8 EL Öl
3 TL Zucker
½ TL Glutamat
1 EL Essig (25%)
1 Prise Pfeffer

Rettich schälen und in dünne Scheiben schneiden. Mit 2 TL Salz vermengen und 10 Min. ziehen lassen, dann mit Wasser abspülen und gründlich abtrocknen.

In einer heißen Pfanne 8 EL Öl erhitzen und die getrocknete Peperoni und den Knoblauch dunkelbraun anbraten.
Nun den Rettich hineingeben, danach die anderen Gewürze hinzufügen und unter Rühren 1 Minute weiterbraten. Die Peperoni herausnehmen und das Gemüse in eine Schale geben und abkühlen lassen.
Kalt servieren.

Porree mit Bohnensoße

Zao Da Suan

700 g junger Porree / Lauch
1 ½ TL Salz

Gewürze:
1 ½ EL süße Bohnensoße (s.S.17)
oder Austernsoße
3 EL helle Sojasauce
1 ½ EL Knoblauch, feingehackt
8 EL Chiliöl (s.S.18)
1 ½ EL Essig (25%)
2 EL Zucker

Porree waschen und die Enden abschneiden,
der Länge nach halbieren, danach in 5 cm
lange Stücke schneiden und diese jeweils in
feine lange Streifen schneiden.
Den Porree mit 1 ½ TL Salz vorsichtig vermengen und 30 Min. ziehen lassen.
Nach der Einwirkzeit mit Wasser abspülen und
behutsam mit den Händen das überschüssige
Wasser ausdrücken, am besten zwischen
zwei Handtüchern.
In einer Reisschale die Gewürzzutaten zu einer
Soße verrühren, über den Porree gießen und
vorsichtig vermengen.

Vor dem Servieren mindestens eine Stunde
(milder Geschmack) oder über Nacht (kräftiger
Geschmack) im Kühlschrank durchziehen
lassen.

Mariniertes Gemüse

Shzing Za Zai

250 g weißer, junger Ingwer
300 g weißer Rettich
120 g Staudensellerie
150 g junge Salatgurken
100 g junger Knoblauch

Gewürze für die Marinade:
2 l abgekochtes, kaltes Wasser
½ RS Kao-Liang-Schnaps[3] oder Reiswein
⅓ RS Salz
10 g Sternanis
10 g Szechuanpfefferkörner

Gewürze zum Servieren:
½ RS Chiliöl (s.S.18)
1 ½ TL Szechuanpfeffer, gemahlen

Alle Gemüse waschen und putzen und nach
Geschmack in mittelgroße Stücke schneiden.
Gemüsestücke auf einem Tuch ausbreiten und
für zwei Tage zum Trocknen ins Freie stellen,
allerdings nicht direkt der Sonne aussetzen.
In einem Steinguttopf das Wasser mit Salz und
den Gewürzen für die Marinade vermischen.
Getrocknete Gemüse in die Marinade geben
und zwei Tage ziehen lassen.
Zum Servieren Gemüse aus dem Steinguttopf
nehmen und gut abtropfen lassen.
In einer Reisschale mit Chiliöl und Szechuanpfeffer mischen, für ca. zwei Stunden im Kühlschrank ziehen lassen.

Beachten: Beim Herausnehmen der Gemüsestücke aus dem Steinguttopf muß darauf ge-
achtet werden, daß kein Öl an Löffel, Sieb oder
Stäbchen haftet, sonst kann sich Schimmel
bilden.

---

[3] wird aus Malz hergestellt

Eingelegter Kohlrabi

Pao Ta To Zai

800 g Kohlrabi

Gewürze:
1 TL Salz
2 EL junger Ingwer, feingehackt
2 EL frischer Chili, feingehackt
2 EL Knoblauch, feingehackt
½ RS Reiswein
5 EL Sesamöl
½ RS Zhejiang-Essig oder normaler
heller Essig (5%)
3 TL Essig (25%)
¼ RS Zucker
3 EL Chiliöl (s.S.18)
½ TL Pfeffer

Kohlrabi waschen, schälen und in mundgerechte Scheiben schneiden. Danach auf einem Tisch oder Platte verteilen und mindestens einen Tag bei Zimmertemperatur trocknen lassen.
Das Gemüse in eine große Reisschale füllen, alle Gewürzzutaten darübergeben und gut vermischen.
Die Salat-Gewürzmischung in einem geschlossenen Behälter mindestens einen Tag durchziehen lassen, danach noch zwei Tage in den Kühlschrank stellen.
Kalt servieren.

Dieser Salat paßt sehr gut zu einer Reissuppe. Je länger der Salat im Kühlschrank verbleibt, desto stärker wird das Aroma. Das Gemüse sollte unbedingt vorher getrocknet werden, damit es die Soße besser aufnehmen kann.

Eingelegter Spitzkohl

Tao Zai

850 g Spitzkohl

Gewürze für die Marinade:
1 l abgekochtes, kaltes Wasser
¼ RS Mei-Kuei-Lu-Schnaps[4] oder Reiswein
½ RS Sojasauce
15 g Sternanis
10 g Zimt
5 g Szechuanpfefferkörner
2 Stück frische Chilischoten
10 g Ingwer
4 EL Salz
1 ½ RS Zhejiang-Essig oder
normaler Essig (5%)

Gewürze zum Servieren:
5 EL Sesamöl
2 TL Chiliöl (s.S.18)

Spitzkohl waschen und in kleine Stücke zerpflücken und – möglichst im Sommer im Freien – einen Tag trocknen lassen.
In einem Porzellan- oder Steinguttopf die Gewürzzutaten für die Marinade mischen. Spitzkohl hineingeben und zwei Tage ziehen lassen.
Vor dem Anrichten gut abtropfen lassen und mit Sesam- und Chiliöl vermengen.

Das Gemüse wird schärfer und stärker im Aroma, wenn es länger als zwei Tage zieht.

---

[4] Ein starker Schnaps aus Reis und einer eßbaren chinesischen Blume (Geheimnis der Produzenten).

Suppen

Seetang im Tontopf
Hay-Tay-Tang

30 g Glasnudelplatten
100 g junger Seetang, getrocknet
50 g Tofuplatten
300 g junger Taro
1 ½ l Gemüsebrühe (s.S.16)
20 g Frühlingszwiebeln, in 3 cm lange
Stücke geschnitten
15 g Ingwer, in Scheiben geschnitten
Chinakohl, zerkleinert

Gewürze:
8 EL Öl
2 EL karamelisierter Zucker (s.S.17)
3 EL Sojasauce
½ TL Pfeffer
2 EL Zucker
1 ½ TL Salz
3 EL Zhejiang-Essig oder normaler Essig (5%)
5 EL Reiswein oder normaler Wein

Kochgerät: Chinesischer Tontopf mit Spiritusflamme; falls Sie keinen haben, bereiten Sie dieses Gericht in einem herkömmlichen Tontopf und garen im Backofen.

Den Tontopf mindestens 20 Min. in heißes Wasser stellen oder Ihren vorhandenen Tontopf nach Gebrauchsanweisung wässern. Glasnudelplatten in 1 l heißem Wasser ½ Stunde einweichen, mit einem Sieb herausnehmen, zerpflücken und abtropfen lassen.

Jungen Seetang mit den Tofuplatten ebenfalls ½ Stunde in 1 l heißem Wasser einweichen, abtropfen lassen. Von dem jungen Taro die Haut entfernen und die Knolle in mundgerechte Stücke schneiden.
Eine heiße Pfanne zweimal mit Öl ausschwenken und 8 EL Öl erhitzen.
Frühlingszwiebel und Ingwer anbräunen, dann die Gemüsebrühe hineingießen und mit allen Gewürzzutaten verrühren.
Seetang, Taro, Tofuplatten und Glasnudelteig in den Tontopf geben und mit der gekochten Gemüsebrühe übergießen.
Auf die Spiritusflamme stellen und langsam erhitzen. Deckel schließen und ca. 30 Min. auf kleiner Flamme schmoren lassen.

Dieses Gericht ist ein typisches chinesisches Winteressen. Sehr beliebt ist die pikante Variante, die Suppe mit ½ RS Chiliöl zu aromatisieren.
Während des Essens kann man immer wieder frisch Chinakohl und Tofu in die Brühe geben.
Das Essen ist vergleichbar mit einem Fondue bei uns.

Peking-Suppe

Bei-Gin-Tang

10 g getrocknete Glasnudeln
20 g chin. Holzohrenpilze
100 g Szechuangemüse
10 g Chilischoten, frisch, ca. 2 Stück
85 g Tofu
20 g Enoki-Pilze, frisch oder aus der Dose

Gewürze:
2 EL Salatöl, 5 EL Sojasauce
2 ½ TL Salz, 1 EL Glutamat
½ TL Pfeffer, 1 ½ EL Zucker
8 EL Zhejiang-Essig
2 EL weißer Essig (25 %)
2 EL Sesamöl
2 EL Frühlingszwiebeln, feingehackt
1 ½ L Gemüsebrühe (s. S. 16)

3 ½ EL Kartoffelmehl mit
6 EL Wasser vermischt

Glasnudeln, Holzohrenpilze und Szechuangemüse jeweils separat in 1 l Wasser 10 Min. einweichen.
Die Holzohrenpilze, das Szechuangemüse, die Chilischoten und den Tofu in Streifen schneiden. Glasnudeln nach Möglichkeit halbieren. Wenn Sie Enoki-Pilze aus der Dose verwenden, schütten Sie das Wasser ab und zerpflücken diese. Frische Enoki-Pilze waschen und halbieren.
In einem Topf die Gemüsebrühe zum Kochen bringen. Alle vorbereiteten Gemüse hineingeben, aufkochen lassen und ca. 15 Min. bei mittlerer Hitze kochen.
Danach alle Gewürzzutaten, bis auf die Kartoffelmehl-Wasser-Mischung und die Frühlingszwiebeln hineingeben und 5 Min. weiterkochen lassen.
Zum Schluß mit Kartoffelmehl-Wasser-Mischung andicken. Mit Frühlingszwiebeln überstreuen und servieren.

◁ *Pekingsuppe*

Tip: Die Schärfe der Chilis kann gemildert werden, wenn die Kerne entfernt werden. Enoki-Pilze (Lilienblütenpilze) können auch durch chin. Blumenpilze ersetzt werden.

Blumenpilze mit Kokos

Tong-Qu-Tsou-Yäzi

20 g Bocksdornfrüchte (Gozee), getrocknet [5]
20 g chinesische rote Datteln, getrocknet [6]
20 g chin. Blumenpilze
30 g Tofublätter
120 g Kokosfleisch, frisch
120 g Bambus
20 g Dhang-Gue-Wurzelscheiben
20 g Ingwer, grob geteilt und zerdrückt

Gewürze:
2 ½ l Gemüsebrühe (s. S. 16)
½ RS Reiswein
20 g Kandiszucker
1 EL Glutamat
1 ½ TL Salz
⅓ TL Pfeffer
5 EL Möhrenöl (s. S. 16) oder Sesamöl

Gozee und rote Datteln in Wasser eine Stunde ziehen lassen. Währenddessen Blumenpilze und Tofublätter in 1 l Wasser 20 Min. einweichen, das Kokosfleisch schälen und in mundgerechte Stücke schneiden.
Eingeweichte Tofublätter zerpflücken. Bambus wie Kokosfleisch schneiden. Sind die Pilze zu groß, ebenfalls zerkleinern, passend zu den anderen Gemüsen.
Die Gemüsebrühe in einem Topf zum Kochen bringen, danach die restlichen Zutaten (ohne Gewürze) in die kochende Brühe geben und bei geschlossenem Deckel 30 Min. auf kleiner Flamme garen. Danach mit den Gewürzen, ohne Öl, weitere 45 Min. kochen.
Mit Möhrenöl abschmecken und sofort servieren.

---

[5] Die orangenen oder hellen Früchte des Bocksdorn (chin.: Gozee), von dem in der chinesischen Küche oft auch die Blätter verwendet werden.

[6] Getrocknet und entkernt erhältlich, mit süßlichem Geschmack vor allem für Suppe und Nachtisch.

Nudel-, Reis- & Teiggerichte

Pak-Choi-Gemüse

Tsao-Bok Choy

200 g Pak-Choi-Gemüse
60 g Strohpilze aus der Dose

Teig:
2 Eier
1 ½ EL Kartoffelmehl

13 EL Salatöl

Gewürze:
1 TL Salz
20 g Frühlingszwiebelweiß
½ RS Gemüsebrühe (s.S.16)
3 EL Zhejiang-Essig
2 EL Sojasauce
1 ½ EL Zucker
3 EL Reiswein

1 TL Kartoffelmehl mit
3 EL Wasser vermischt

2 EL Sesamöl

Pak-Choi-Gemüse in 6 cm lange Stücke schneiden. Strohpilze halbieren, das Dosenwasser abgießen.
In einer großen Reisschale die Eier verquirlen und mit 1 ½ EL Kartoffelmehl schlagen.
Eine heiße Pfanne mit flachem Boden zweimal mit Öl ausschwenken und das überschüssige Öl mit einem Küchentuch sorgfältig abnehmen.
Bei mittlerer Hitze den Teig in die Mitte der Pfanne gießen und mit vorsichtigem Neigen der Pfanne gleichmäßig über den Pfannenboden verteilen. Die Pfanne solange bewegen, bis die Eiermasse vollständig gestockt ist.

Vorsichtig 2 – 3 EL Öl am Pfannenrand rund um den Pfannkuchen träufeln, um das Ablösen zu erleichtern.
Den Pfannkuchen auf einen Teller stürzen und in große Streifen schneiden. Die Frühlingszwiebel in 4 cm lange Stücke schneiden.
Eine heiße Pfanne zweimal mit Öl ausschwenken. 10 EL Öl erhitzen und das Salz darin verrühren. Frühlingszwiebel hineingeben und anbräunen. Pak-Choi-Gemüse und Strohpilze hinzufügen, unter Rühren anbraten und mit geschlossenem Deckel 2 Min. schmoren lassen. Gemüsebrühe, Essig, Sojasauce, Zucker und Reiswein hineinrühren und bei offener Pfanne 2 Min. weitergaren.
Pfannkuchenstreifen unterrühren und mit Kartoffelmehl-Wasser-Mischung abbinden lassen. Zum Schluß mit Sesamöl übergießen und sofort servieren.

Schabnudeln

Chiau-Mien

50 g chinesische Blumenpilze, getrocknet
200 g Weizenmehl
½ RS Wasser
120 g Chinakohl

Gewürze:
4 EL Sonnenblumenöl
10 g chinesische Schalotten [7], feingehackt
2 l Gemüsebrühe (s.S.16)
1 EL Zucker
1 ½ TL Salz
2 EL Reiswein
¼ TL Pfeffer, gemahlen

25 g Frühlingszwiebeln, in dünne
Scheiben geschnitten

Blumenpilze ½ Stunde in heißem Wasser einweichen, herausnehmen, Stiele entfernen und
in Streifen schneiden.
In 1 RS Mehl und Wasser vermischen und
sorgfältig zu einem Teig verkneten und mit
einem Tuch bedeckt 20 Min. stehen lassen.
Chinakohl in 1 – 2 cm lange Stücke schneiden.
Eine heiße Pfanne zweimal mit Öl ausschwenken und das Öl erhitzen. Die Schalotten goldbraun braten, die Gemüsebrühe an-
gießen und aufkochen lassen. Chinakohl und
Blumenpilze zufügen und 15 – 18 Min. bei
milder Hitze garen.

Nudelteig nochmals durchkneten und zu einer
Kugel zusammendrücken. Mit Mehl bestäu-
ben, dabei auseinanderziehen und auf die
Arbeitsplatte schlagen. Zu einer Schlaufe legen
und wieder auseinanderziehen, bis die ge-
wünschte Nudeldicke erreicht ist.
Mit einem scharfen Messer von der Teigkugel
Späne direkt in die Brühe mit dem Gemüse
schneiden.
Die restlichen Gewürze zugeben und 2 Min.
weitergaren.
In eine Servierschüssel füllen, mit den Frühlingszwiebeln überstreuen und sofort servieren.

Tip: Bei der Zubereitung der frischen Nudeln ist
das gründliche Kneten des Teiges sehr wichtig.
Sonst werden die Nudeln nicht zart und kleben
beim Abschneiden fest. Achten Sie darauf,
daß das Messer sehr scharf ist.

In Restaurantküchen nimmt der Koch, wenn
große Mengen Nudeln gebraucht werden, in
einem Spezialhut die Teigkugel auf den Kopf
und schneidet über seinem Kopf mit zwei rund
geformten Messern rhythmisch abwechselnd
von links und rechts die Nudelspäne in einen
vor ihm stehenden Topf. Geht der Teig zur
Neige, so legt ein Gehilfe eine neue Teigkugel
in den „Hut" und der restliche Teig vermischt
sich mit dem neuen.
Die Nudeln heißen in China auch „Tausend-
Haare-Nudeln".

---

[7] sehen ähnlich aus wie Knoblauch und sind rosa

Nudelgericht

Tsai-Mien

100 g Eiernudeln
10 g Holzohrenpilze
30 g Bambus
20 g Champignons
80 g Pak-Choi-Gemüse oder Spitzkohl

1 l Öl zum Frittieren

Gewürze:
5 EL Öl
3/4 RS Gemüsebrühe (s.S.16)
1 EL Zucker
1/2 TL Salz
3 EL karamelisierter Zucker (s.S.17)
1 1/2 EL Sojasauce

1 1/2 TL Kartoffelmehl mit
3 EL Wasser vermischt

Am besten benutzen Sie zwei Pfannen zur Zubereitung dieses Gerichtes (siehe S. 8).

Holzohrenpilze in 1/2 l heißem Wasser 20 Min. einweichen, Stiele entfernen, nochmals waschen und halbieren.
3/4 l Wasser zum Kochen bringen, und die Nudeln „al dente" kochen, anschließend abtropfen lassen und mit 1 EL Öl vermischen. Bambus und Champignons waschen und in Scheiben schneiden. Pak-Choi-Gemüse zerpflücken.
Das Öl in einer Pfanne oder Wok erhitzen und die Nudeln frittieren. Beim Frittieren backen die Nudeln zu einer unregelmäßig geformten Masse zusammen. Den frittierten Nudelteig herausnehmen und abtropfen lassen. Danach wird dieser Teig mit der Hand auf einem Teller zerdrückt.
Im selben Öl anschließend die Holzohrenpilze, Champignons und den Bambus ca. 1 Min. frittieren, herausnehmen und abtropfen lassen.
Für die Soße 3 EL Öl in einer Pfanne erhitzen, Gemüsebrühe hineingießen, Zucker, Salz, karamelisierten Zucker und Sojasauce hineinrühren. Das Ganze aufkochen lassen und mit der Kartoffelmehl-Wasser-Mischung andicken. Nun die kurzfrittierten Gemüse und das Pak-Choi-Gemüse oder den Spitzkohl hineingeben und vorsichtig ca. 1 1/2 Min. verrühren. Mit dem restlichen Öl abrunden.
Die Soße über die Nudeln geben und sofort servieren.

Tip: Die Nudeln sollten zum gleichen Zeitpunkt wie die Soße fertig sein.
Frittierte Nudeln sind in Kanton, Taiwan und Hongkong sehr beliebt.

Sojabohnenkeime mit Glasnudeln

Liáng-bán yá-cai

40 g Tofuplatten, getrocknet
70 g Glasnudeln, getrocknet
400 g Sojabohnenkeime

Gewürze:
5 EL Salatöl
5 EL Gemüsebrühe (s.S.16)
1/4 TL Pfeffer
1 TL Salz
1 EL Sojasauce
1 Prise Glutamat

Tofuplatten in heißem Wasser etwa 10 Min. einweichen, herausnehmen, abtrocknen und in Streifen schneiden.
Glasnudeln kochen, so daß sie noch Biß haben, und abtropfen lassen.
Sojabohnenkeime waschen und trocknen.
Eine Pfanne oder Wok erhitzen, Öl hineingeben und erhitzen.
Sojabohnenkeime hineingeben und 2 Min. anbraten, geschnittene Tofuplatten zugeben und weitere 2 Min. braten.
Dann die Gemüsebrühe, Glasnudeln und die Gewürze zufügen und vorsichtig vermischen.
Nach weiteren 2 Min. kann serviert werden.

Sojabohnenkeime mit Glasnudeln ▷

Glasnudelsalat

Fen-Se-Shala

100 g chinesische Glasnudeln, getrocknet
100 g junger Porree / Lauch, in Streifen
geschnitten
20 g Knoblauch, feingehackt
15 g Ingwer, feingehackt
5 g Peperoni, feingehackt (nach Geschmack)

Gewürze:
3 EL Essig (5%)
2 EL Sesampaste
1 EL Sesamöl
2 EL Öl, abgekühltes Frittieröl [8]
1 ½ EL Sojasauce
1 ½ EL Zucker
½ TL Salz

Die Glasnudeln 10 Min. in heißem Wasser einweichen, dann herausnehmen und abtropfen
lassen. In der Zwischenzeit den Porree 2 Min.
blanchieren.
In einer großen Reisschale alle Gewürze und
Zutaten vermengen (ohne Glasnudeln) und ca.
2 Min. ziehen lassen.
Danach die Nudeln hineingeben und verrühren
und mit den Zutaten und Gewürzen nochmals
vermengen und sofort servieren.

Der Nudelsalat ist ein typisches Sommeres-
sen.

Gekochte Glasnudeln

Tsao-Fen-Se

150 g Glasnudeln, getrocknet

Gewürze:
8 EL Salatöl
2 Stück fermentierter, roter Tofu
3 EL Austernsoße
1 ½ EL Zucker
2 RS Gemüsebrühe (s. S. 16)
2 EL Sesamöl
etwas Salz
½ TL Pfeffer
2 EL Kao-Liang-Schnaps [9] oder Reiswein
10 g Frühlingszwiebelweiß, feingehackt

Glasnudeln in 2 l heißem Wasser etwa 10 Min.
einweichen, herausnehmen und abtropfen lassen.
Fermentierten Tofu zerdrücken, am besten mit
einer Hand dabei abdecken, da es sonst zu
sehr spritzt.
Eine heiße Pfanne oder Wok zweimal mit Öl
ausschwenken.
8 EL Öl in der Pfanne erhitzen und die rote
Tofumasse ca. 1 Min. unter Rühren braten.
Dann die Gemüsebrühe hinzugeben und wei-
terrühren, bis alles leicht eingedickt ist.
Nun Zucker, Salz, Pfeffer und Austernsoße hin-
einrühren und zum Schluß die vorbereiteten
Glasnudeln dazugeben. Etwa 10 Min. weiter-
kochen bis die Flüssigkeit verdampft ist.
Mit Kao-Liang-Schnaps oder Reiswein und
Sesamöl abschmecken und mit feingehackten
Frühlingszwiebeln überstreuen.
Sofort servieren und essen, sonst kleben die
Nudeln zusammen.

---

[8] Vgl. Hinweise auf S. 8

[9] wird aus Malz hergestellt

Geschmorte Pilze mit Glasnudelteig

Fen-Pi-Tsao-Touq-Pu

200 g Glasnudelteig, getrocknet
100 g Graspilze / Strohpilze, getrocknet
oder aus der Dose (dann 300 g)
10 g Knoblauch, feingehackt

Gewürze:
8 EL Erdnußöl
2 RS Gemüsebrühe (s.S.16)
2 ½ EL Zucker
2 EL Austernsoße
1 ½ TL Salz
3 EL Sesamöl

Den Glasnudelteig ca. 15 Min. in 2 l heißem Wasser einweichen, herausnehmen und mit der Hand zerpflücken.
Falls Sie die getrockneten Graspilze bevorzugen, in 1 l heißem Wasser einweichen, dann herausnehmen und halbieren.
Erdnußöl in einer heißen Pfanne erhitzen und Knoblauch goldbraun anbraten, dann die Graspilze unter Rühren dazugeben und 3 Min. braten.
Den Glasnudelteig hineingeben, ca. 2 Min. anbraten und die Gemüsebrühe dazugießen, erhitzen und bei geschlossenem Deckel 5 Min. bei milder Hitze garen lassen.
Mit Zucker und Salz abschmecken und 3 Min. weiterkochen. Evtl. die Hitze noch erhöhen, um die Flüssigkeit zu reduzieren.
Zum Servieren mit Sesamöl überträufeln.

Glasnudeln mit Eisbergsalat

Fen Se Liang Pan

200 g Eisbergsalat
20 g Glasnudeln, getrocknet
100 g Tomaten

Gewürze:
5 EL Salatöl
2 TL Knoblauch, feingehackt
1 TL Salz
2 EL Sojasauce oder
süße Sojasauce (s.S.17)
1 ½ TL Zucker
1 RS Gemüsebrühe (s.S.16)

Glasnudeln in 1 l heißem Wasser ca. 10 Min. einweichen, dann herausnehmen, abtropfen lassen und in kleine Stücke schneiden.
Eisbergsalat waschen und zerpflücken.
Tomaten waschen und in Scheiben schneiden.
Eine heiße Pfanne zweimal mit Öl ausschwenken.
Salatöl erhitzen und Knoblauch anbräunen.
Tomatenscheiben hineingeben und unter Rühren braten.
Nach 1 Min. den Eisbergsalat und 1 weitere Min. später die Glasnudeln und die Gemüsebrühe dazugeben.
Bei geschlossenem Deckel ca. 3 Min. schmoren lassen. Anschließend die Gewürze zugeben und servieren.

Reisnudeln in sämiger Soße

Ta-Lu-Mi-Fen

110 g dünne Reisnudeln, getrocknet
oder Eiernudeln, getrocknet
80 g Sojabohnenkeime
10 g Lilienblütengemüse, getrocknet
80 g Chinakohl, in Streifen geschnitten
10 g chinesische Blumenpilze, getrocknet
30 g Bambussprossen
10 g Frühlingszwiebeln, in Streifen geschnitten

Gewürze:
3 EL Sojaöl
10 g chinesische Schalotten[10], feingehackt
1 ½ RS Gemüsebrühe (s.S.16)
½ EL Sambal
3 EL karamelisierter Zucker (s.S.17)
1 EL Zucker
2 EL Reiswein
8 EL Zhejiang-Essig oder normaler Essig (5%)
1 ½ TL Salz
2 Prisen Pfeffer, gemahlen
2 EL Sojaoße

2 ½ EL Kartoffelmehl mit
4 EL Wasser vermischt
2 EL Möhrenöl (s.S.18)
Öl zum Frittieren

Die Reisnudeln oder Eiernudeln etwa 5 Min. in 1 l heißem Wasser kochen, herausnehmen und abtropfen lassen.
Sojabohnenkeime in kochendem Wasser ca. 2 Min. blanchieren und abtropfen lassen.
Chinakohl ca. 15. Min. kochen und abtropfen lassen.
Lilienblütengemüse in ½ l heißem Wasser 15 Min. einweichen und danach die Stiele entfernen.
Blumenpilze ebenfalls separat in ½ l heißem Wasser ca. 15 Min. einweichen, Stiele entfernen, nochmals waschen und die Pilze in Streifen schneiden.

In einer Pfanne 1 l Öl erhitzen und Lilienblütengemüse, Bambussprossen und Blumenpilze etwa 1 Min. lang frittieren, herausnehmen und abtropfen lassen. Das Öl in das Vorratsgefäß zurückgießen.
Eine heiße Pfanne oder Wok zweimal mit Öl ausschwenken. 3 EL Öl erhitzen und die Schalotten goldbraun anbraten.
Gemüsebrühe hineingeben, dann mit Sambal, karamelisierten Zucker, Zucker, Reiswein, Essig, Salz, Pfeffer und Sojasauce hineinrühren und das Ganze zum Kochen bringen.
Lilienblütengemüse, Bambussprossen, Blumenpilze und Chinakohl hineingeben und unter Rühren 1 Min. garen.
Währenddessen in einer großen Reisschale die vorbereiteten Reisnudeln, Sojabohnenkeimlinge und Frühlingszwiebeln vermengen.
Das gegarte Gemüse mit der Kartoffelmehl-Wasser-Mischung andicken und mit Möhrenöl abschmecken.
Die Gemüsesoße über die Nudeln geben und sofort servieren.

---

[10] sehen ähnlich aus wie Knoblauch und sind rosa

Reisnudeln in sämiger Soße ▷

Reisnudelsalat

Mi-Fen-Shala

150 g dünne Reisnudeln, getrocknet
100 g Chinakohl, in Streifen geschnitten
25 g Frühlingszwiebeln, in Streifen geschnitten

Gewürze:
½ TL Sambal
1 EL süße Bohnensoße (s.S.17)
oder süße Sojasauce
1 ½ EL Zucker
3 EL Sesamöl
1 EL Sojasauce
1 ½ EL Reiswein
1 EL Zhejiang-Essig oder normalen Essig (5 %)
1 Prise Salz
1 TL Essig (25 %)

1 l ungesalzenes Wasser erhitzen und Nudeln
5 Min. kochen, dann herausnehmen und abtropfen lassen.
Chinakohl ca. 3 Min. in dem Wasser blanchieren und ebenfalls abtropfen lassen.
Nudeln, Chinakohl und Frühlingszwiebeln vermengen.
In einer großen Reisschale die Gewürze zu einer Soße verrühren, unter die Nudel-Gemüse-
Mischung geben und sofort servieren.

In chinesischen Haushalten wird die Soße
dieses Rezeptes fertig zubereitet in Steingut-
töpfen aufbewahrt. Kommen Gäste, so werden die Nudeln gekocht, das Gemüse blan-
chiert, und schon ist ein schnelles Essen fertig.

Vegetarischer Reis

Su-Se-Fan

150 g Frühlingszwiebeln
50 g Tofu, 50 g Bambus
10 g rote Peperoni
100 g Maiskörner aus der Dose
10 g Knoblauch feingehackt
2 RS gekochter Reis (ca. 600 g)
50 g Erbsen

½ l Öl zum Frittieren

Gewürze:
5 EL Sojaöl, 1 ½ TL Salz
1 ½ EL Zucker, ½ TL Pfeffer
1 TL Glutamat, 2 TL Sojasauce
3 EL Sesamöl

Frühlingszwiebeln waschen und abtropfen
lassen und in kleine Stücke schneiden.
Peperoni waschen und kleinwürfeln.
Tofu und Bambus in feine Würfelchen schneiden.
Eine heiße Pfanne oder Wok zweimal mit Öl
ausschwenken, danach ½ l Öl erhitzen und
Tofu, Mais und Bambus ca. 1 Min. anbraten.
Danach mit einem Sieb das Gemüse herausnehmen, beiseite stellen und das Öl in ein Vorratsgefäß zurückgießen.
Das Sojaöl erhitzen, Knoblauch und Peperoni
unter Rühren anbräunen und Salz hinzugeben.
Nun den gekochten Reis unter Rühren 2 Min.
braten und danach den Tofu, Bambus, Maiskörner, Frühlingzwiebeln und Erbsen dazugeben und 2 Min. weiterbraten. Die übrigen Gewürze zufügen und ca. 2 weitere Min. braten.
Zum Servieren mit Sesamöl abschmecken.

Variante: Zwei Eier schaumig schlagen und unter Rühren von allen Seiten goldbraun frittieren.
Die frittierten Eier sollten wie ein Schwamm
aussehen, wenn sie fertig sind. Die Eier werden gehackt und erst kurz vor Ende der Garzeit
mit den Gewürzen dem Reis zugefügt.

Gebratene Weizen-mehlklößchen

Tsao-Mien-Ching

480 g frischer Tofu
50 g Weizenmehlklöße, getrocknet

Gewürze:
7 EL Sonnenblumenöl
2 EL süße Bohnensoße (s.S.17)
1 ½ TL Salz
1 TL Glutamat
3 EL Sojasauce
½ RS Gemüsebrühe (s.S.16)
1 ½ EL Zucker

Den frischen Tofu in kleine Vierecke schneiden. Die Weizenmehlklöße in heißem Wasser ca. 10 Min. einweichen, herausnehmen und ab-tropfen lassen.
Eine heiße Pfanne oder Wok zweimal mit Öl ausschwenken. Das Öl erhitzen, die Weizen-mehlklößchen hineingeben, verrühren und 3 Min. bei geschlossenem Deckel braten. Anschließend die Tofuvierecke hineingeben und die Bohnensoße unterrühren. Bei ge-schlossenem Deckel ca. 2 Min. anbraten. Die Gewürze zum Gemüse geben, verrühren und 2 Min. bei geschlossenem Deckel weiter-garen. Dann sofort servieren.

Gedämpfte Klebereis-klößchen (Dessert)

Mao-Chi

500 g Klebereismehl
2 RS Wasser
200 g Walnußkerne
5 g Sesamkörner
40 g Puderzucker

Zum Servieren:
100 g Kokosraspel

Klebereismehl mit 2 RS Wasser vermischen. Die Klebereismischung auf einem kleinen Teller in der Mitte eines Bambus-Steambas-kets (Dampfkorb) 80 Minuten dämpfen. Oder eine Porzellanschüssel mit Öl einstreichen und die Klebereismischung in die Form geben, gleichmäßig verteilen und diese dann in einem Topf stellen und dort die Masse dämpfen. Da-nach herausnehmen und abkühlen lassen.
Walnußkerne und Sesamkörner mahlen und mit dem Puderzucker vermengen.
Gedämpfte Klebereismasse in 25 – 30 Portio-nen zu Kugeln formen.
Kugeln mit dem Messer in der Mitte einschnei-den und öffnen. In diese Öffnung je 1 EL Nuß-Zucker-Mischung füllen und wieder verschlie-ßen.
Die gefüllten Kugeln in den Kokosraspeln wälzen und dann servieren.

Die Klebereisklößchen haben in China eine lange Tradition. Sie werden als „Fingerfood" im Straßenverkauf angeboten; und man ser-viert sie, wenn Gäste kommen.
Sehr beliebt sind sie auch als Geschenk – schön verpackt und dekoriert –, und es gibt viele Variationen in Form, Farbe und Füllungen.

Pfannengerührtes & Gebratenes

Brokkoli
Yang-Tsai-Hoa

40 g Tofuplatte, getrocknet
500 g Brokkoli

1 TL Kartoffelmehl mit
5 EL Reiswein vermischt
10 EL Öl

Gewürze:
1 EL Knoblauch, feingehackt
½ TL Salz
3 EL Austernsoße
1 Prise schwarzer Pfeffer, frisch gemahlen
2 TL Zucker

Die Tofuplatte in 1 l heißem Wasser ungefähr
20 Min. einweichen, danach herausnehmen,
abtrocknen und zerpflücken.
Brokkoliröschen abschneiden, den Stiel in
mundgerechte Stücke zerteilen. In kaltem
Wasser 10 Min. ziehen lassen und danach
etwa 3 Min. in kochendem Wasser blanchieren. Das Gemüse in einem Sieb abtropfen
lassen.
Währenddessen Kartoffelmehl mit Reiswein
anrühren und Knoblauch feinhacken.
In einer heißen Pfanne oder Wok 10 EL Öl erhitzen und den Knoblauch goldbraun anbraten.
Abgetropftes Gemüse und zerpflückte Tofuplatte in die Pfanne geben und unter Rühren etwa
1 Min. braten.
Mit Zucker, Austernsoße, Salz und Pfeffer würzen und 3 Min. weiterbraten, dabei ab und zu
umrühren.
Kartoffelmehl-Reiswein-Mischung zugießen,
verrühren und andicken lassen. Sofort servieren.

Gebratener Spinat
Chao-bo-cái

350 g kräftige Spinatblätter
100 g Tomaten

Gewürze:
8 EL Öl
1 ½ EL Knoblauch, feingehackt
1 EL Zhejiang-Essig
1 Prise Pfeffer
1 EL Zucker
1 TL Salz

Spinat waschen und zerpflücken, Tomaten waschen und in Scheiben schneiden.
In einer heißen Pfanne Öl erhitzen und den
Knoblauch anbräunen, danach den Essig einrühren und anschließend den Spinat in die
Pfanne geben.
Den Spinat ca. 1 Min. unter Rühren braten,
dann den Deckel schließen und ca. 1 – 2 Min.
weiterkochen.
Die Gewürze und die Tomaten hineingeben und
bei geschlossenem Deckel ca. 3 Min. lang fertig garen. Sofort servieren.

Wünschen Sie den Geschmack intensiver,
so kann das Gericht mit einer Kartoffelmehl-
Wasser-Mischung gebunden werden.

Gebratener Spinat ▷

Ananas mit Tomaten

Tsao-Fong-Li

500 g frische Ananas
1 Fleischtomate (ca. 50 g)

Gewürze:
5 EL Öl zum Braten
1 TL frischer Ingwer, feingehackt
2 EL Zhejiang-Essig
1 EL Zucker
1 TL Salz
1 Prise Pfeffer

1 TL Kartoffelmehl mit
3 EL Wasser vermischt
1 EL Sesamöl

Ananas schälen und in mundgerechte Streifen schneiden. Tomate waschen und in dünne Scheiben schneiden.
In einer heißen Pfanne oder Wok 5 EL ÖL erhitzen, Ingwer ca. ½ Min. anbräunen, dann Essig dazugeben, verrühren und ½ Min. lang erhitzen.
Ananasstreifen in die Pfanne geben und unter Rühren 2 Min. braten.
Anschließend Tomatenscheiben zugeben und 1 Min. weiterbraten.
Mit Zucker, Pfeffer und Salz würzen und nochmals 1 Min. braten.
Kartoffelmehl-Wasser-Mischung zugießen, verrühren und andicken.
Mit dem Sesamöl übergießen und sofort servieren.

Sie können das Gericht verfeinern, wenn Sie am Schluß frischen, in Würfel geschnittenen Tofu zugeben und kurz mitschmoren lassen.

Spargel mit Szechuan-gemüse

Lu Suem Tsao Tsa Zay

30 g chinesische Blumenpilze, getrocknet
300 g frischen Spargel
250 g Szechuangemüse
2 EL schwarze, fermentierte Bohnen[11] oder
süße Bohnensoße (s.S.17)

Gewürze:
6 EL Erdnußöl
1 TL Salz
1 EL Zucker
½ RS Gemüsebrühe (s.S.16)
3 Knoblauchzehen, feingehackt

Blumenpilze in 1 l heißem Wasser ca. 20 Min. einweichen, abtropfen, Stiele entfernen, nochmals waschen und evtl. halbieren.
Spargel schälen, in Streifen schneiden sowie Szechuangemüse in Streifen schneiden und jeweils in 1 l Wasser für 10 Min. ziehen lassen, dann herausnehmen und abtropfen lassen.
Schwarze fermentierte Bohnen waschen, abtropfen lassen und mit dem feingehackten Knoblauch in eine Reisschale geben und zu einer Paste zerdrücken.
Eine heiße Pfanne oder einen Wok zweimal mit Öl ausschwenken, frisches Erdnußöl darin erhitzen und die Knoblauch-Bohnen-Paste anbraten.
Spargel und chinesische Blumenpilze 5 Min. anbraten, dann das Szechuangemüse einrühren und den Deckel schließen, für ca. 3 Min. kochen lassen.
Zucker, Salz und Gemüsebrühe hineinrühren und noch 1 Min. kochen, dann können Sie servieren.

---

[11] in Asiashops erhältlich

Champignons

Yang Gu

700 g Champignons

Gewürze:
10 EL Öl
10 g chinesische Schalotten[12], in Scheiben
1/2 RS Gemüsebrühe (s.S.16)
1 1/2 EL Zucker, 1 RS Kokosmilch
1 TL Salz, 5 EL Reiswein
3 EL Sesamöl, 2 Prisen Pfeffer

Die Champignons waschen, je nach Größe halbieren und 3 – 5 Min. in kochendem Wasser blanchieren, herausnehmen und abtropfen lassen.
Eine heiße Pfanne oder Wok zweimal mit Öl ausschwenken. Das Öl erhitzen und die Schalottenscheiben darin anbraten.
Die blanchierten Champignons hineingeben und 1 Min anbraten. Brühe, Zucker, Kokosmilch und Salz hineingeben weitere 3 Min. kochen lassen.
Zum Schluß mit Reiswein und Sesamöl übergießen, zur Abrundung des Geschmacks pfeffern und dann servieren.

Gebratener Babybambus

Tsao-Chiao-Sun

700 g Babybambus aus der Dose

Gewürze:
1 1/2 EL Knoblauch, feingehackt
10 g frische rote Peperoni,
in Streifen geschnitten
1 1/3 TL Salz
1 TL Glutamat
10 EL Öl
1 EL Zucker

1 1/2 EL Kartoffelmehl mit
3 EL Wasser vermischt

Den Babybambus mit der Hand zerpressen, in einzelne Streifen ziehen und diese mit einem Messer in 3 cm große Stücke schneiden.
In einer heißen Pfanne oder Wok 10 EL Öl erhitzen, den Knoblauch und die Peperoni darin anbräunen.
Bambus bei größtmöglicher Hitzezufuhr und mit starker und schneller Bewegung in der Pfanne ca. 1 Min. braten und dann die Gewürze hinzufügen.
Nach 2 Min. mit der Kartoffelmehl-Wasser-Mischung abbinden lassen.
Auf Tellern anrichten und servieren.

Babybambus ist dreimal so dick wie Spargel und schmeckt sehr zart, ganz anders als der normale Bambus. Sie können ihn frisch oder in der Dose kaufen.

Gebratene Gurken

Tsao Ching Qua

400 g Schlangengurken
1 1/2 EL fermentierte schwarze Bohnen[13]

Gewürze:
5 EL Öl, 1/3 RS Gemüsebrühe (s.S.16)
3 EL süße Sojasauce (s.S.17)
1 EL Zucker, 1/2 TL Salz

1 TL Kartoffelmehl mit
3 EL Wasser vermischt

Die Gurken waschen und ungeschält in Streifen schneiden (die Kerne entfernen).
Schwarze Bohnen 20 Min. in Wasser einweichen, abtropfen lassen und zerdrücken.
In einer heißen Pfanne oder Wok das Öl erhitzen und die schwarzen Bohnen kurz darin anbraten. Dann die Gurkenstreifen dazugeben und unter Rühren 1 Min. anbraten.
Danach Gemüsebrühe und alle Gewürze hinzufügen und ca. 3 Min. weiterbraten lassen.
Zuletzt die Kartoffelmehl-Wasser-Mischung unter Rühren hinzufügen, andicken und sofort servieren.

---

[12] sehen ähnlich aus wie Knoblauch und sind rosa

[13] in Asiashops erhältlich

Rot-grünes Paprikagemüse

Hóng-Qing-jiao

200 g Tofu
200 g grüne Paprika
200 g rote Paprika
1 Stück junges Porree- / Lauchgrün (ca. 20 g)

Gewürze:
6 EL Sojaöl
1 TL Salz
2 EL Zucker
5 EL Reiswein
2 EL Zhejiang-Essig
3 TL Essig (25%)
1 ½ EL Sesamöl

1 l Öl zum Frittieren

Den Tofu in mundgerechte Stücke teilen und in
etwa 2 – 3 Min. in 1 l Öl frittieren, herausnehmen, das Öl in das Vorratsgefäß zurückgießen
und den Tofu beiseite stellen.
Paprikaschoten waschen, halbieren und entkernen, den Porree längs halbieren. Beides in
mundgerechte Stücke schneiden.
Eine heiße Pfanne oder Wok mit Sojaöl erhitzen, die rote und die grüne Paprika hineingeben und etwa 1 Min. anbraten, danach den
frittierten Tofu hinzufügen.
Die restlichen Gewürze bis auf das Sesamöl
schnell einrühren und alles in ½ Min. fertig
braten.
Den Porree hineingeben, nochmals etwa 1 Min.
weiterbraten. Zum Schluß mit Sesamöl übergießen und servieren.

Sojabohnenkeime mit Lilienblütengemüse

Tsao-Ya-Chai

450 g Sojabohnenkeime
80 g Lilienblütengemüse, getrocknet
80 g junger Porree / Lauch,
in Streifen geschnitten
10 g Knoblauch, feingehackt

Gewürze:
2 TL Zucker
1 TL Glutamat
1 TL Salz
2 EL Sojasauce
5 EL Sojaöl

1 TL Kartoffelmehl mit
2 EL Wasser vermischt

Lilienblütengemüse in 1 l heißem Wasser ca.
20 Min. einweichen, dann abtropfen lassen
und die Stiele entfernen. Sojabohnenkeime
waschen und abtropfen lassen.
1 l Wasser zum Kochen bringen, darin die Sojabohnenkeime 2 Min. blanchieren, anschließend abtropfen lassen.
In einer heißen Pfanne 5 EL Öl erhitzen und den
Knoblauch anbräunen. Lilienblütengemüse
hinzugeben und 1 ½ Min. unter Rühren braten.
Porree und Sojabohnenkeime hinzufügen und
2 Min. weiterrühren, unter Zugabe der Gewürze
30 Sek. lang weiterrühren.
Mit der Kartoffelmehl-Wasser-Mischung andicken und sofort servieren.

◁ Rot-grünes Paprikagemüse

Wasserkastanien mit verschiedenen Gemüsen

Ma-ti-Tsao-Ching-Zai

25 g Holzohrenpilze, getrocknet
100 g Chinakohl
150 g Möhren
120 g Bambusscheiben aus der Dose
120 g Wasserkastanien aus der Dose

Gewürze:
8 EL Sojaöl
3 EL Pflaumenwein
1 ¼ TL Salz
1 EL Zucker
¼ TL schwarzer Pfeffer
¾ RS Gemüsebrühe (s.S.16)

1 TL Maismehl oder Kartoffelmehl mit
3 EL Wasser vermischt

Holzohrenpilze in 1 l heißem Wasser 20 Min. einweichen, Stiele entfernen, Pilze nochmals waschen, wenn sie zu groß sind evtl. halbieren.
Chinakohl waschen und zerpflücken, Möhren schrappen und in Scheiben schneiden.
Dosenwasser von den Bambusscheiben und Wasserkastanien abschütten, und die Wasserkastanien halbieren.
Chinakohl und Möhren in Wasser 2 Min. blanchieren, dann herausnehmen.
In einer Schale Salz, Zucker, Pfeffer und Gemüsebrühe vermischen.
In einer heißen Pfanne oder einem Wok das Sojaöl erhitzen.
Bambus, Kastanien, Pilze und die blanchierten Gemüse in den heißen Wok geben und 2 Min. bei großer Hitze braten.
Die Gewürzmischung unterrühren und nochmals aufkochen, dann den Pflaumenwein zufügen und mit der Mehl-Wasser-Mischung andicken. Nach einer weiteren Min. Kochzeit heiß servieren.

Zuckerschoten mit Holzohrenpilzen gebraten

Tian Dau Chau Muer

20 g getrocknete Holzohrenpilze
oder Blumenpilze
350 g Zuckerschoten
20 g junger Ingwer, in Streifen geschnitten

Gewürze:
8 EL Sonnenblumenöl
1 ⅓ TL Salz
3 EL Sojasauce
1 TL Glutamat
½ RS Gemüsebrühe (s.S.16)

1 ½ TL Kartoffelmehl mit
3 EL Wasser vermischt
2 EL Sesamöl

Pilze in heißem Wasser ½ Stunde einweichen, waschen, Stiele entfernen und nochmals waschen.
Von den Zuckerschoten die Enden und den Faden entfernen, dann 10 Min. in kaltem Wasser ziehen lassen.
Eine heiße Pfanne zweimal mit Öl ausschwenken und frisches Öl darin erhitzen.
Salz im heißen Öl verrühren und die Ingwerstreifen unter Rühren kurz anbraten.
Pilze zugeben und 2 – 3 Min. in der Pfanne rühren. Dann die Zuckerschoten hineingeben und 1 Min. unter Rühren braten.
Sojasauce und Glutamat unterrühren und auch 1 Min. garen.
Gemüsebrühe hineingießen und 3 – 4 Min. kochen lassen.
Mit Kartoffelmehl-Wasser-Mischung andicken und mit Sesamöl abschmecken. Sofort servieren.

Wasserkastanien mit verschiedenen Gemüsen ▷

Buddhistisches Gemüse auf Reisbett

Su-Se-Huey-Fan

10 g chinesische Blumenpilze, getrocknet
20 g chinesische rote Datteln[14]
20 g Tofuplatten, getrocknet
20 g Zuckerschoten
80 g Champignons
30 g Ginkonüsse oder weiße Nüsse aus der
Dose, oder eingeweichte Lotoskerne
100 g Blumenkohlröschen
1 ½ RS Rundkornreis, „al dente" gekocht

Gewürze:
6 EL Sojaöl, 1 TL Salz
2 RS Gemüsebrühe (s.S.16)

1 ⅔ TL Kartoffelmehl mit
4 EL Wasser vermischt
3 EL Sojasauce

Blumenpilze, Datteln und Tofuplatten zusammen in 1 l heißem Wasser ½ Stunde einweichen. Von den Pilzen die Stiele entfernen und nochmals waschen. Tofuplatten zerpflücken und Datteln entkernen. Von den Zuckerschoten beide Enden abknipsen, den Faden entfernen. Die Champignons und Blumenkohlröschen waschen und je nach Größe halbieren.
Von den Ginkonüssen den Saft abschütten. Eine heiße Pfanne oder einen Wok zweimal mit Öl ausschwenken und das Sojaöl darin erhitzen. Salz hineingeben und verrühren. Alle Gemüse, bis auf die Zuckerschoten hinzufügen und unter Rühren ca. 2 Min. lang braten. Mit der Gemüsebrühe ablöschen und etwa 5 – 8 Min. weitergaren.
Mit Kartoffelmehl-Wasser-Mischung andicken und 1 Min. lang verrühren.
Zuckerschoten zugeben und noch 1 Min. zu Ende kochen.
Mit Sojasauce überträufeln.

◁ *Buddistisches Gemüse auf Reisbett*

---

[14] in Asiashops getrocknet und entkernt erhältlich

Gekochten Reis auf einer vorgewärmten Servierplatte anrichten und das Gemüse darübergeben.

Variante: Zum Schluß 10 g Frühlingszwiebeln in 3 EL Öl goldbraun anbraten, dann den gekochten Reis zufügen und unter Rühren 3 Min. braten.

Zwiebelgemüse mit scharfer Soße

La-Yam-Tsong

600 g große Gemüsezwiebeln
1 l Öl zum Frittieren

Gewürze für die Soße:
1 ½ EL schwarze Bohnenpaste oder
süße Bohnensoße (s.S.17)
1 EL Sambal
1 ½ EL Zucker
2 EL Sojasauce
1 TL Glutamat
½ RS Gemüsebrühe (s.S.16)

1 TL Kartoffelmehl mit
2 EL Wasser vermischt

Gewürze:
20 g Ingwer, feingehackt
1 TL Knoblauch, kleingehackt
6 EL Öl

Zwiebeln schälen und in Streifen schneiden. Die Gewürzzutaten für die Soße in einer Reisschale mischen.
Eine heiße Pfanne oder einen Wok zweimal mit Öl ausschwenken, darin das Frittieröl erhitzen und die Zwiebelstreifen kurz, ca. 1 Min., frittieren und danach abtropfen lassen. Öl in das Vorratsgefäß zurückgießen.
6 EL frisches Öl in der Pfanne erhitzen und den Knoblauch mit dem Ingwer anbräunen, unter Rühren die Zwiebeln hineingeben und ca. 1 Min. garen.
Die vorbereitete Soße zugießen und noch 1 Min. weiterkochen. Sofort servieren.

Gebratenes Gemüse

Hong Tsao Tsa Zay

15 g chinesische Blumenpilze, getrocknet
200 g Pak-Choi-Gemüse
120 g weißer Spargel
200 g Champignons
1 ½ l Wasser
½ TL Salz, 2 EL Öl

Soße:
3 EL Öl
1 ½ RS Gemüsebrühe (s.S.16)
1 ½ TL Salz, 1 TL Glutamat

1 ½ TL Kartoffelmehl mit
2 EL Wasser vermischt
2 EL Sojasauce

Pilze in 1 l heißem Wasser ca. 20 Min. einweichen. Stiele abschneiden und die Pilze
nochmals waschen.
Größere Blätter des Pak-Choi-Gemüses
waschen und längs in Streifen schneiden.
Spargel schälen und die Stangen im Wasser
ziehen lassen.
Champignons putzen, evtl. den Stiel entfernen.
1 ½ l Wasser mit Salz und Öl zum Kochen bringen. Spargel in das kochende Wasser geben
und ca. 2 Min. blanchieren. Mit einem Sieb
den Spargel vorsichtig wieder herausnehmen
und warmstellen.
Pak-Choi-Gemüse im gleichen Wasser ebenfalls kurz blanchieren. Herausnehmen und auf
einem warmen Teller abwechselnd mit dem
Spargel sternförmig anrichten; warmstellen.
Eine heiße Pfanne zweimal mit Öl ausschwenken, dann frisches Öl erhitzen. Die Gemüsebrühe hineingießen und Salz und Glutamat hinzugeben. Aufkochen lassen, die
Champignons und die Blumenpilze hineingeben und 3 – 5 Min. kochen lassen.
Danach die Pilze mit einem Sieb herausnehmen, abtropfen lassen und auf der Gemüse-
platte in der Mitte gleichmäßig anordnen.
Kartoffelmehl in die Gemüsebrühe einrühren
und andicken lassen. Die Sojasauce darübergeben, aber nicht umrühren.

Die angedickte Brühe mit einer Kelle über das
Gemüse geben und sofort servieren.

Dieses Gericht stammt aus der Palastküche
und wird heute bei festlichen Anlässen, z.B.
Hochzeiten, zubereitet. In Privatküchen ist es
kaum anzutreffen.
Als Dessert eignet sich besonders gut
Kompott von jungem Taro (s.S. 61).

Porree mit Pilzen

Tao Suan Zoa Qu Lei

200 g junger Porree / Lauch
100 g Lilienblütengemüse, getrocknet
120 g Enoki- oder Tonku-Pilze aus der Dose

Gewürze:
8 EL Öl
2 EL Frühlingszwiebeln, feingehackt
3 EL Reiswein
2 EL süße Sojasauce
1 TL Salz
1 TL Glutamat
1 Prise Pfeffer
½ RS Gemüsebrühe (s.S.16)

½ TL Kartoffelmehl mit
2 EL Wasser vermischt

Porree waschen und in Streifen schneiden.
Das Lilienblütengemüse in 1 l heißem Wasser
für 20 Min. einweichen lassen, abtropfen und
Stiele entfernen.
Von den Pilzen das Wasser abschütten und
evtl. zerkleinern.
Eine heiße Pfanne oder Wok zweimal mit Öl
ausschwenken. 8 EL ÖL in dieser Pfanne erhitzen und die Frühlingszwiebeln anbräunen.
Lilienblütengemüse zugeben, und 2 Min. anbraten. Dann die Porreestreifen dazugeben und
weitere 2 Min. braten. Enoki-Pilze hinzugeben
unter Rühren ca. 1 Min. weiterbraten.
Alle Gewürze unterrühren, mit Gemüsebrühe
ablöschen und 1 Min. kochen.
Mit dem in Wasser verrührten Kartoffelmehl
abbinden und 1 Min. zu Ende garen. Sofort servieren.

Ausgebackenes & Frittiertes

Auberginen, im Teigmantel frittiert

Tsa-Chien-Se

500 g Auberginen
1 ½ l Öl zum Frittieren

Teig:
350 g Mehl
1 Ei
2 TL Backpulver
½ TL Salz
50 g Kartoffelmehl
¼ l Wasser
10 EL Öl

Auberginengewürz:
1 TL Szechuanpfeffer, gemahlen
1 TL Salz
1 TL Glutamat
2 TL Zucker
1 TL Ingwerpulver

Würzsoße:
1 ½ EL Zhejiang-Essig
1 TL Glutamat
2 EL Reiswein
½ RS Gemüsebrühe (s. S. 16)
2 Prisen Pfeffer
½ TL Kartoffelmehl mit
2 EL Wasser vermischt
1 ½ TL Zucker
3 EL Sonnenblumenöl
1 EL Sambal
1 TL Knoblauch, feingehackt
1 TL Ingwer, feingehackt
3 EL Öl

◁◁ Auberginen im Teigmantel frittiert

Mehl, Ei, Backpulver, Salz, Kartoffelmehl und Wasser vermengen und anschließend das Öl unterrühren.
Den Teig zugedeckt 30 Min. stehen lassen.
Die Auberginen ungeschält in mundgerechte Stücke schneiden.
Die Gewürze für die Auberginen in einer Reisschale vermischen und beiseite stellen.
Die Soßengewürze bis auf das Öl, den Ingwer und den Knoblauch in einer zweiten Reisschale verrühren und ebenfalls beiseite stellen.
Eine heiße Pfanne oder einen Wok zweimal mit Öl ausschwenken. 1 ½ l Öl zum Frittieren erhitzen.
Die Auberginenstücke am besten einzeln mit Hilfe eines Zahnstochers, in den Teig tauchen und im heißen Öl zunächst 2 Min. lang frittieren. Herausnehmen und dann 5 Min. abtropfen lassen. Dannach in einem zweiten Frittiervorgang nochmals 1 ½ Min. frittieren und erneut die Auberginenstücke gut abtropfen lassen (es darf kein Öl mehr an den Auberginenstücken haften).

Sie haben zwei Serviermöglichkeiten:
1. Die Auberginenstücke mit dem Gewürzpulver überstreuen. Dazu das vorbereitete Gewürz mit starker und schneller Bewegung über die Auberginen streuen.
2. Die Auberginenstücke in die heiße Würzsoße tunken bzw. dippen. Für die Soße eine heiße Pfanne zweimal mit Öl ausschwenken, die Pfanne auf mittlerer Hitze erwärmen und 3 EL Öl hineingeben, dann zuerst den Ingwer und Knoblauch anbraten, danach die vorbereitete Gewürzsoße kurz aufkochen lassen, bis die Soße eingedickt ist, und zum Servieren in eine Reisschale gießen.

Frittierter Porree

Tza-Suan-Miao

600 g junger Porree / Lauch
20 g Tonku / chinesische Blumenpilze,
getrocknet
20 g Szechuangemüse, feingehackt
½ RS Weizenmehl
½ RS Wasser
1 l Öl zum Frittieren

Gewürze:
5 EL Öl
1 EL Ingwer, feingehackt
1 EL Knoblauch, feingehackt
1 TL Szechuanpfefferkörner, gemahlen
1 TL Salz
1 EL Zucker
3 EL Reiswein
2 EL Sesamöl
2 EL Zhejiang-Essig oder normaler Essig (5%)
10 g Frühlingszwiebeln, feingehackt

Porree gut waschen und in kleine Würfel
schneiden.
Tonku in ½ l Wasser 10 Min. einweichen, dann
herausnehmen, Stiele entfernen und in kleine
Würfel schneiden.
Szechuangemüse in kleine Würfel schneiden.
Alle Gemüse in einer großen Schale miteinander vermengen, Weizenmehl mit Wasser dazugeben und nochmals alles verrühren.
Eine Pfanne zweimal mit Öl ausschwenken
und 1 l Öl darin erhitzen.
Mit einem Porzellanlöffel nacheinander Löffel
für Löffel das Gemüse in das Frittierfett ein-
tauchen, insgesamt 3 – 5 Min. frittieren, dann
mit einem Sieb herausnehmen und abtropfen
lassen. Das Öl wieder in das Vorratsgefäß zurückgeben.

In einer Pfanne 5 EL frisches Öl erhitzen und
Ingwer und Knoblauch ½ Min. lang anbraten.
Die bereits frittierten Gemüse in die Pfanne
geben und dabei die Pfanne schnell bewegen,
denn die Gemüse dürfen nicht ansetzen.
Gemüse mit allen Gewürzzutaten überstreu-
en, die Frühlingszwiebeln zurückbehalten.
Dabei muß die Pfanne weiter bewegt werden,
damit die Gemüse nicht anbrennen. Zum Servieren mit Frühlingszwiebeln überstreuen.

Frittierte Taro-Plätzchen

Zha-Yutau

600 g große Taro
150 g Maiskörner aus der Dose

Gewürze:
6 EL Reismehl, 6 EL Klebereismehl
1 TL Salz, ⅓ TL Pfeffer
½ RS Zucker, 3 EL Kokosflocken
½ RS Reisnudeln oder Glasnudeln, zerkleinert
1 ½ l Öl zum Frittieren

Den Taro schälen, halbieren und 30 Min.
dämpfen.
Dann den Taro in einer großen Reisschale zer-
stampfen und mit den Maiskörnern mischen.
Die Taromasse mit Reismehl, Klebereismehl,
Salz, Pfeffer, Zucker und Kokosflocken vermischen.
Je 2 EL der Masse zu runden Plätzchen
formen, die ca. ½ cm dick sind. Beide Seiten
der Plätzchen in den zerkleinerten Reisnudeln
wenden.
Öl erhitzen, die Plätzchen ca. 3 – 4 Min. frittieren und mit einem Sieb herausnehmen.
5 – 6 Min abkühlen lassen, danach nochmals
2 Min. frittieren, bis die Farbe goldbraun ist,
dann servieren.

Knuspriges Gemüse

Za Ching Zai

300 g Auberginen
80 g Frühlingszwiebeln
50 g Möhren, geschält
200 g Sojabohnenkeime

Teig:
3 EL Kartoffelmehl
3 EL Weizenmehl
1/2 RS Wasser
1/2 TL Backpulver
1 1/2 EL Sesamöl

Gewürze:
1 TL Salz nach Geschmack
1 1/2 TL Zucker
1 EL Sesamkörner
Pfeffer und Salz nach Geschmack

Öl zum Frittieren

Auberginen und Frühlingszwiebeln waschen. Zusammen mit den Möhren in feine Streifen schneiden, die Sojabohnenkeime zerpflücken. Die Zutaten für den Teig verrühren und 5 Min. stehen lassen.
Die Gemüsestreifen mit dem Teig vermischen. Frittieröl erhitzen und die Gemüsemischung löffelweise in das Öl geben. Im ersten Durchgang 3 – 4 Min. nach einer Pause von 5 Min. nochmals 2 – 3 Min. goldbraun frittieren.
Vor dem Servieren mit Pfeffer und etwas Salz, je nach Geschmack, überstreuen.

Ausgebackene Zucchini

Zha-Lan gua

400 g Zucchini
Frittierteig / Panade (s. S. 16)
1 l Öl zum Frittieren

Soße:
5 EL Öl
1 EL Knoblauch, feingehackt
2 EL chinesische Schalotten[15], feingehackt
1 TL Chili, feingehackt
1 1/2 EL Zucker
3 EL Zhejiang-Essig oder normaler Essig (5%)
1/2 TL Pfeffer
etwas Salz

Zucchini waschen, abtrocknen und diagonal schneiden; in die vorbereitete Panade legen. Eine heiße Pfanne oder einen Wok zweimal mit 1 l Öl ausschwenken und 1 l Öl erneut zum Frittieren erhitzen.
Die panierten Zucchinistücke mit Hilfe eines Zahnstochers Stück für Stück in den Frittierteig tauchen und sofort ausbacken.
Im ersten Durchgang 2 – 3 Min. frittieren, abtropfen lassen und nach 5 Min. nochmals ca. 2 Min. frittieren, bis sie goldbraun sind. Das Öl zurück in das Vorratsgefäß gießen.
Danach in der Pfanne oder im Wok 5 EL frisches Öl stark erhitzen und Knoblauch, Schalotten und Chili anbräunen. Die frittierten Zucchinistücke hineingeben und mit Zucker, Essig, Pfeffer und etwas Salz abschmecken und sofort heiß servieren.

◁ *Knuspriges Gemüse / Ausgebackene Zucchini*

[15] sehen ähnlich aus wie Knoblauch und sind rosa

Schmoren & Dämpfen

Kugelgemüse
Cho-Zai

300 g Wasserkastanien aus der Dose
250 g Babymais aus der Dose

Gewürze:
8 EL Öl
15 g Frühlingszwiebelweiß,
in 3 cm langen Streifen
2 EL Weizenmehl
1 ½ RS Gemüsebrühe (s.S.16)
1 EL Zucker
1 EL Glutamat
10 EL Milch
3 EL Möhrenöl (s.S.18)

Babymais in 3 cm große Stücke schneiden, die Wasserkastanien und den Babymais abtropfen lassen und das Dosenwasser abschütten.
Eine heiße Pfanne oder einen Wok mit 8 EL Öl erhitzen, darin die Frühlingszwiebeln anschwitzen, bis sie glasig sind. Sofort herausnehmen und aus dem verbleibenden Öl und dem Weizenmehl mit dem Schneebesen eine Mehlschwitze zubereiten.
Gemüsebrühe unter Rühren dazugeben und andicken lassen.
Salz, Zucker, Glutamat, Milch und die abgetropften Gemüse hinzufügen und 10 Min. auf schwacher Flamme bei geschlossenem Deckel schmoren lassen.
Zum Schluß mit dem Möhrenöl abschmecken und sofort heiß servieren.

Kohlrabi mit Glasnudeln
Ta-To-Tsai-Fen-Se

300 g Kohlrabi
100 g Glasnudeln, getrocknet

Gewürze:
1 EL Zucker
6 EL Öl
3 EL Sojasauce
1 EL karamelisierter Zucker (s.S.17)
1 TL Salz
1 ½ TL Knoblauch, kleingehackt
2 TL Ingwer, feingehackt
1 ½ RS Gemüsebrühe (s.S.16)

1 ½ TL Kartoffelmehl mit
3 EL Wasser vermischt

Kohlrabi schälen und in feine Streifen schneiden.
Glasnudeln in 2 l heißem Wasser 10 Min. einweichen, dann abtropfen lassen und das Wasser wegschütten. Die Glasnudeln mit einer Schere auf die gleiche Länge wie die Kohlrabi schneiden.
Sojasauce mit Zucker und Salz verrühren.
Eine heiße Pfanne zweimal mit Öl ausschwenken und frisches Öl erhitzen. Knoblauch und Ingwer anbräunen. Kohlrabistreifen und Gemüsebrühe zugeben und unter Rühren 10 Min. schmoren.
Die Glasnudeln hineingeben und weitere 5 Min. köcheln lassen.
Zum Schluß alle Gewürzzutaten und die Mehl-Wasser-Mischung unter Rühren hinzugeben und nach 1 Min. Garzeit servieren.

Kugelgemüse ▷

Geschmorter Winter-bambus

Tsao Tong Souen

300 g Winterbambus oder normaler Bambus
40 g Szechuangemüse oder Wintergemüse
100 g kräftiger Blattspinat

Gewürze:
7 EL Sonnenblumenöl
etwas Salz und Zucker
2 EL Ingwer, feingehackt
1 ½ RS Gemüsebrühe (s.S.16)
3 EL Kao-Liang-Schnaps[16]
2 EL süße Sojasauce
1 EL Sesamöl

Winterbambus in lange, dreieckige Stücke
(siehe S. 6) oder in Scheiben schneiden. Ist der
Winterbambus frisch, nach dem Schneiden in
Salzwasser ziehen lassen, um den bitteren
Geschmack zu mildern.
Szechuangemüse sehr fein hacken und in ½ l
Wasser ca. 1 Stunde ziehen lassen.
Spinat putzen, dicke Stiele entfernen und die
Blätter in kleine Stücke zerpflücken, leicht wel-
ken Spinat in kaltem Wasser ziehen lassen.
1 l Wasser erhitzen und den Spinat 2 Min. blanchieren, dann herausnehmen und abtropfen
lassen.
In einer heißen Pfanne 2 EL Öl erhitzen und
den Spinat unter Rühren hineingeben, etwa
1 Min. kurzbraten, dabei etwas Salz und
Zucker darübergeben. Überschüssige Flüssigkeit abtropfen lassen und Spinat auf einem
vorgewärmten Teller anrichten.
Eine heiße Pfanne zweimal mit Öl ausschwenken. Das restliche Öl darin erhitzen
und den Ingwer kurz anbraten. Mit der Gemüsebrühe ablöschen, Sojasauce, Kao-Liang-
Schnaps und Winterbambus (das Einweichwasser evtl. abgießen) zugeben und ca.
15 Min. auf kleiner Flamme schmoren lassen.
Wenn keine Flüssigkeit mehr vorhanden ist,

---

[16] wird aus Malz hergestellt

mit Szechuangemüse überstreuen und kurz,
ca. 1 Min., weiterkochen und dann mit
Sesamöl übergießen. Das Gemüse auf das
Spinatbett geben und sofort servieren.

Winterbambus ist ein Edelgemüse mit einer
stacheligen Schale, die vor der Zubereitung
unbedingt entfernt werden muß. Er hat festes
Fleisch und ist ein wenig bitter im Geschmack,
deshalb sollte frischer Bambus kurz in Salzwasser gelegt werden.

Geschmorter Blumenpilz

Hong Zao Tong Qu

150 g chinesische Blumenpilze, getrocknet
30 g Tofuplatten, getrocknet

Gewürze:
10 EL Öl
2 g Sternanis (ca. 1 Stück)
10 g Ingwer, zerdrückt
5 g Mandarinenschale
5 g Zimt (ca. ½ Stange)

5 EL Reiswein
1 l Gemüsebrühe (s.S.16)
2 EL Austernsoße, 1 ½ EL Zucker
5 EL helle Sojasauce
½ TL Salz, 2 Prisen Pfeffer
3 EL Möhrenöl (s.S.18)

Pilze in 2 l heißem Wasser ca. 30 Min. einwei-
chen, abtrocknen, Stiele entfernen.
Tofuplatten in 1 l kaltem Wasser ca. 20 Min.
einweichen, abtrocknen und zerpflücken.
Eine Pfanne erhitzen und das Öl hineingeben.
Sternanis, Ingwer, Mandarinenschale und
Zimt im heißen Öl 1 Min. lang frittieren und da-
bei rühren.
Reiswein hineingeben und kurz danach die Ge-
müsebrühe.
Austernsoße, Zucker, Sojasauce, Salz und
Pfeffer einrühren, die Pilze und Tofustückchen
hineingeben und bei geschlossenem Deckel
20 – 30 Min. schmoren lassen.
Mit Möhrenöl übergießen und 2 Min. weiter-
schmoren, danach sofort servieren.

Verschiedene Gemüse mit Haarseegras

Fa-Tsai-Tsao-Sou-Se

10 g Haarseegras
400 g Zucchini
50 g Tomaten
30 g rote Paprika
20 g Erbsen, möglichst frisch

Gewürze:
10 EL Sojaöl
1 EL Ingwer, feingehackt
1 EL Knoblauch, feingehackt
1 EL Frühlingszwiebelweiß, feingehackt
1 1/2 RS Gemüsebrühe (s.S.16)
1 1/2 EL Zucker
1 TL Salz
3 EL Sojasauce
2 EL Möhrenöl (s.S.18)

1 1/2 TL Kartoffelmehl mit
3 EL Wasser vermischt

Haarseegras in 1 l heißem Wasser 20 Min. einweichen, abtropfen lassen, nochmals waschen und wieder abtropfen lassen und halbieren.
Zucchini, rote Paprika und Tomaten waschen und in feine Streifen schneiden.
Sojaöl in einer Pfanne oder einem Wok erhitzen, Ingwer und Knoblauch 1/2 Min. anbraten. Nun die Zucchini hinzugeben und 2 Min. anbraten, danach die Tomaten, Paprika und Haarseegras dazugeben und ca. 3 Min. weiterbraten.
Die Gemüsebrühe zugießen und zum Kochen bringen, dabei Zucker, Salz und Sojasauce hineinrühren, Deckel auflegen und bei mittlerer Hitze solange garen, bis die Flüssigkeit stark eingekocht ist (ca. 10 Min.).
Anschließend Erbsen und Frühlingszwiebeln unterrühren und bei offener Pfanne 1 Min. weiterkochen.
Mit der Kartoffelmehl-Wasser-Mischung andicken. Mit Möhrenöl abschmecken und sofort servieren.

Geschmorte Möhren

Hong Zao Schuzai

600 g Möhren
20 g Knoblauch, feingehackt
20 g Ingwer, feingehackt

Gewürze:
2 EL Sojabohnenpaste (s.S.18)[17] oder süße Sojasauce
5 EL Öl
1 1/4 l Gemüsebrühe (s.S.16)
1 EL Sojasauce
2 EL Zucker

1 TL Kartoffelmehl mit
2 EL Wasser vermischt
1 TL Petersilie, feingehackt

Möhren waschen, schrappen und in Streifen schneiden.
Süße Sojabohnenpaste mit 3 EL Wasser vermischen.
Eine heiße Pfanne zweimal mit Öl ausschwenken. 5 EL Öl erhitzen und Knoblauch, Ingwer und süße Sojabohnenpaste ca. 1 Min. unter Rühren anbraten.
Dann Möhren und die Gemüsebrühe hineingeben, würzen und ca. 15 Min. bei mittlerer Hitze schmoren.
Zum Schluß Kartoffelmehl-Wasser-Mischung einrühren und die Soße eindicken lassen.
Gemüse auf einem Teller anrichten, mit der Petersilie überstreuen und sofort servieren.

---

[17] Falls Sojabohnenpaste verwendet wird, noch 1 TL Zucker hinzufügen. Die Paste hat sonst ein zu starkes Aroma und ist zu salzig.

Lotosblätter, gedämpft

Tsen Chje

700 g Klebereis
8 – 10 Stück Lotosblätter[18], getrocknet,
über Nacht eingeweicht
200 g Tofu, frisch
100g Mehlklößchen (s.S.16), eingeweicht
120 g chinesische Blumenpilze / Tonku,
getrocknet und eingeweicht
80 g Lotoswurzel aus der Dose
100 g schwarze Datteln, eingeweicht,
ohne Kerne
120 g Lotoskerne, eingeweicht
2 RS Gemüsebrühe (s.S.16)

Gewürze:
10 EL Sonnenblumenöl
50 g Schalotten, feingehackt, oder Zwiebel
8 EL karamelisierter Zucker (s.S.17)
1/2 RS Reiswein
8 EL Sojasauce
3 TL Salz
1 TL Pfeffer
4 EL Zucker
1 TL Nelkenpulver
1/3 RS Sesamöl

1 Bambus-Dampftopf (Steam Basket)

Klebereis über Nacht mit der doppelten Menge Wasser (2 1/2 l) einweichen und danach abtropfen lassen.
Lotosblätter über Nacht einweichen, dann waschen und die Stiele entfernen.
Den Tofu in kleine Würfel schneiden und 2 Min. frittieren.
Die Mehlklößchen in kleine Würfel schneiden. Chinesische Blumenpilze nach dem Einweichen waschen, Stiele entfernen und die Pilzhüte zerkleinern.
Lotoswurzel in kleine Würfel schneiden und schwarze Datteln halbieren.

Eine heiße Pfanne oder einen Wok zweimal mit Öl ausschwenken und darin das Sonnenblumenöl erhitzen.
Schalotten anbraten und dann Lotoswurzel, Lotoskerne, Blumenpilze und Mehlklößchen unter Rühren in die Pfanne geben und 2 Min. braten.
Die Gemüsebrühe und die restlichen Gewürze, ohne das Sesamöl, mit dem frittierten Tofu hinzufügen und 20 Min. bei geschlossenem Deckel auf kleiner Flamme schmoren lassen.
In einem großen Topf den Klebereis mit dem geschmorten Gemüse vermengen und mit Sesamöl abschmecken.
Die Füllung in 8 – 10 gleiche Mengen aufteilen und jeweils in die Mitte eines Lotosblattes häufen. Die Blattränder über die Füllung schlagen, so daß eine Art Briefumschlag mit vier gleichen Seitenlängen entsteht.
Die gefüllten Blätter in einen Dampftopf setzen und 1 1/2 bis 1 3/4 Stunde dämpfen.
Dann sofort servieren.

Variante. Klebereis nach dem Einweichen in einem Tuch im Dampftopf 15 bis 20 Min. dämpfen.
Mit dem geschmorten Gemüse vermengen und weitere 5 Min. braten, dann mit dem Sesamöl abschmecken und wie oben weiter verfahren, die Dämpfzeit aber etwas verkürzen.

Kompott von jungem Taro

Ü-Tao Ping

650 g junger Taro
2 l dünne Kokosmilch[19]
2/3 RS Kandiszucker

Taro schälen und nach Belieben in mundgroße Würfel schneiden.
Kokosmilch zum Kochen bringen und die Tarowürfel ca. 40 Min. bei kleiner Flamme kochen. Kurz vor dem Ende der Garzeit Zucker hinzufügen und warm servieren.

◁ Lotosblätter, gedämpft

---

[18] Die Lotosblätter sollten ca. doppelt so groß wie DIN A 4-Blätter sein.

[19] In Asiashops als dünne Kokosmilch (zum Kochen) erhältlich.

Tofu-Gerichte

Tofusalat

Tofu Shala

500 g frischer Tofu
20 g Frühlingszwiebel
5 g Petersilie, nur die Blätter

Gewürze:
2 EL Sesampaste
1 TL Salz
5 EL Sesamöl
3 EL Chiliöl (s. S. 18)
4 EL Sojasauce
1 TL Glutamat
1 ½ EL Zucker
1 TL Knoblauch, feingehackt

Die Frühlingszwiebel in sehr dünne Scheiben schneiden und die Petersilienblätter in feinste Streifen schneiden.
1 l Wasser zum Kochen bringen und Tofu ca. 2 Min. blanchieren, herausnehmen und kalt unter fließendem Wasser abspülen. Abtropfen lassen und dann mit der Hand zerbröseln.
In einer großen Reisschale Frühlingszwiebel, Petersilienblätter und alle Gewürzzutaten vermischen. Tofu zugeben und mit der Soße vermengen. Mindestens 1 Stunde im Kühlschrank ziehen lassen. Fertig zum Servieren.

Dieses Rezept gelingt am besten mit Tofu von weicher Beschaffenheit. Der japanische Pulvertofu eignet sich nicht dafür.
Der Salat ist ideal zum Mittagessen an heißen Sommertagen.

Gefrorener Tofu mit geschmorter junger Taro

Tong-Tofu Tsu-Ü-To

480 g frischer Tofu
300 g junge Taro
10 g Frühlingszwiebelweiß, feingehackt

Gewürze:
10 EL Sojaöl
3 ½ EL Sojasauce
3 RS Gemüsebrühe (s. S. 16)
1 ½ EL Zucker
3 EL karamelisierter Zucker (s. S. 17)
½ TL Pfeffer
Salz, je nach Geschmack
3 EL Möhrenöl (s. S. 18)

Tofu 60 Min. im Tiefkühlfach gefrieren, dann in kaltem Wasser 20 Min. einweichen, herausnehmen und das Wasser mit der Hand herausdrücken. Tofu in Würfel von 3 cm Kantenlänge schneiden.
Die Taro schälen und in mundgerechte große Stücke schneiden.
Eine heiße Pfanne oder einen Wok zweimal mit Öl ausschwenken; frisches Sojaöl darin erhitzen und die Frühlingszwiebeln anbraten, dann den Tofu und die Taro ca. 5 bis 8 Min. anbraten.
Sojasauce hineingießen und kurz aufkochen, danach die Gemüsebrühe, Zucker, karamelisierten Zucker, Pfeffer und Salz in die Pfanne geben und verrühren. Mit geschlossenem Deckel für ca. ½ Stunde auf kleiner Flamme schmoren lassen, bis die Soße eingedickt ist. Mit dem Möhrenöl abschmecken und sofort servieren.

Tomaten-Tofu mit Basilikum

Tofu-Tsao-Vantché

300 g Tofu
200 g Fleischtomaten
20 g Basilikum

Gewürze:
6 EL Erdnußöl
2 TL Knoblauch, feingehackt
1 ¼ TL Salz
3 EL Kao-Liang-Schnaps[20]
2 TL Zucker
1 TL Sambal
1 ½ RS Gemüsebrühe (s. S. 16)

1 TL Kartoffelmehl mit
3 EL Wasser vermischt
2 EL Sesamöl

Tofu in mundgerechte Stücke schneiden,
Tomaten waschen und in Scheiben schneiden.
Basilikum waschen und feinhacken.
Eine heiße Pfanne oder einen Wok zweimal
mit Öl ausschwenken. Erdnußöl darin erhitzen
und den Knoblauch leicht anbräunen.
Tofu und Tomaten zufügen und unter Rühren
ca. 1 Min. braten.
Salz, Schnaps, Zucker und Sambal unterrühren.
Gemüsebrühe zugießen und weiterkochen, bis
die Flüssigkeit zur Hälfte eingekocht ist.
Die Kartoffelmehl-Wasser-Mischung zum An-
dicken unterrühren.
Mit Basilikum überstreuen und verrühren. Mit
Sesamöl abschmecken und sofort servieren.

Tofu mit Tomaten und Glasnudeln

Fen-Se-Tofu

300 g frischen Tofu
150 g Tomaten
30 g Glasnudeln, getrocknet

Gewürze:
5 EL Öl zum Braten
1 EL Knoblauch, feingehackt
1 ½ EL Zhejiang-Essig
1 ½ EL Zucker, 1 TL Salz
1 RS dünne Kokosmilch[21]

1 TL Kartoffelmehl mit
2 EL Wasser vermischt
2 EL Öl

Tomaten waschen und in kleine Würfel schneiden, den Tofu ebenfalls in kleine Würfel schneiden.
Glasnudeln in 1 l heißem Wasser ca. 10 Minuten einweichen, herausnehmen und abtropfen
lassen.
In einer heißen Pfanne oder einem Wok 5 EL
Öl erhitzen und den Knoblauch ca. 30 Sek. anbraten.
Tofu und Tomaten zugeben und unter Rühren
ca. 3 Min. braten. Dann die restlichen Gewürze
und die Glasnudeln hineinrühren und 3 Min.
weitergaren.
Kartoffelmehl-Wasser-Mischung und 2 EL Öl
unterrühren, andicken lassen. Sofort servieren.

Wenn Sie das Gericht schärfer wünschen: zusätzlich mit 1 EL Sambal zubereiten.

---

[20] wird aus Malz hergestellt

[21] in Asiashops erhältlich

Tofu mit Wasserkastanien

Tofu-Tsu-Ma-Ti

350 g frischer Tofu
200 g Wasserkastanien, frisch
oder aus der Dose
20 g Frühlingszwiebel

Gewürze:
10 EL Öl
Salz, Menge nach Geschmack
3 RS Gemüsebrühe (s.S.16)
2 EL Reiswein
1 EL Glutamat
3 EL karamelisierter Zucker (s.S.17)
5 EL helle Sojasauce
¼ TL schwarzer Pfeffer

1 ½ TL Kartoffelmehl mit
4 EL Wasser vermischt
2 EL Möhrenöl (s.S.18)

Tofu in mundgerechte Stücke schneiden.
Frische Kastanien 10 Min. in kochendem
Wasser blanchieren. Bei Dosenkastanien
das Wasser abgießen.
Frühlingszwiebel waschen und in Streifen
schneiden.
Eine heiße Pfanne oder einen Wok zweimal
mit Öl ausschwenken, frisches Öl erhitzen
und darin das Salz verrühren. Dann die Kasta-
nien hineingeben und ca. 3 Min. anbraten.
Gemüsebrühe zugießen und die restlichen
Gewürze einrühren.
Die frischen Tofustücke dazugeben und bei
geschlossenem Deckel so lange schmoren,
bis ca. 1 RS Flüssigkeit übrigbleibt.
Die Frühlingszwiebeln hineinrühren und 1 Min.
weiterkochen.
Mit Kartoffelmehl-Wasser-Mischung andicken
und zum Schluß mit Möhrenöl überträufeln.
Sofort heiß servieren.

Chinakohl mit fermen-tiertem Tofu gebraten

Tsao-Bai-Tsai

600 g Chinakohl
1 Stück fermentierter weißer Tofu

Gewürze:
1 TL Glutamat
1 EL Zucker
½ TL Salz
10 EL Öl
1 ½ EL Knoblauch, feingehackt
1 TL frischer Chili, feingehackt

1 TL Kartoffelmehl mit
4 EL Wasser vermischt

Den Chinakohl waschen, danach in Streifen
schneiden und 1 Min. blanchieren.
Den fermentierten weißen Tofu in einer Schale
zermahlen. In einer kleinen Reisschale Glutamat, Zucker, Salz und den zermahlenen Tofu
vermischen.
Eine heiße Pfanne oder einen Wok zweimal
mit Öl ausschwenken und 10 EL Öl erhitzen.
Knoblauch und Chili ca. 30 Sek. lang anbraten.
Den blanchierten Chinakohl zufügen und darin
2 Min. anbraten.
Die angerührte Tofu-Gewürzmischung zugeben
und noch 1 Min. lang bei große Hitze kochen.
Zum Schluß rühren Sie die Kartoffelmehl-
Wasser-Mischung unter und garen noch 1 Min
weiter; heiß servieren.

Wird getrocknete Chilischote verwendet,
diese nach dem Anbraten entnehmen, nicht
mitessen.

Chinakohl mit fermentiertem Tofu gebraten ▷

Frittierter Tofu

Tsao Tofu

500 g frischer Tofu
1 l Öl zum Frittieren

Gewürze:
5 EL Sojaöl
½ TL Szechuanpfefferkörner
2 RS Gemüsebrühe (s.S.16)
1 ½ EL Zhejiang-Essig
4 EL karamelisierter Zucker (s.S.17)
6 EL Sojasauce
1 EL Glutamat
1 TL Salz
weißer Pfeffer, gemahlen
5 EL Pflaumenwein
½ TL Sternanispulver
½ TL Zimtpulver
3 EL Möhrenöl (s.S.18)

Tofu abtrocknen und in kleine Würfel schneiden.
Einen Wok oder eine Pfanne erhitzen und zweimal mit Öl ausschwenken, darin 1 l Öl erhitzen.
Die Tofuwürfel in das Öl hineingeben und 2 – 3 Min. frittieren, mit einem Sieb herausnehmen und abtropfen lassen. Das Öl wieder in das Vorratsgefäß gießen.
Eine Pfanne erhitzen, 5 EL Öl hineingeben und darin die Szechuanpfefferkörner ca. 30 Sek. erhitzen.
Brühe und Essig zugeben, karamelisierten Zucker, Sojasauce, Glutamat, Salz und etwas Pfeffer einrühren und zusammen 1 Min. kochen.
Den frittierten Tofu einlegen und weitere 3 – 5 Min. garen.
Zum Schluß Pflaumenwein, Sternanis- und Zimtpulver einrühren und alles mit Möhrenöl abschmecken. Wenn die Soße fast ganz in den Tofu eingezogen ist, können Sie heiß servieren.

Tofu mit Rettich gebraten

Lobo Tsao Tofu

250 g frischer Tofu
300 g weißer Rettich
50 g Porree / Lauch, in Streifen geschnitten

Gewürze:
5 EL Öl
4 EL Austernsoße
1 TL Glutamat
etwas Salz
1 ½ TL Zucker
1 Prise Pfeffer

1 l Öl zum Frittieren

Tofu in Streifen schneiden. Rettich schälen, ebenfalls in Streifen schneiden und 10 Min. blanchieren.
Eine heiße Pfanne oder einen Wok zweimal mit Öl ausschwenken, dann darin 1 l frisches Öl erhitzen und den Tofu in 2 Min. hellgelb frittieren. Mit einem Sieb herausnehmen und das Öl zurück in das Vorratsgefäß geben.
In einer heißen Pfanne 5 EL frisches Öl erhitzen und den Porree 30 Sek. unter Rühren anbraten.
Nach 1 Min. den frittierten Tofu und den blanchierten Rettich hinzufügen und 3 – 5 Min. weiterbraten.
Nun die Gewürze hineinrühren, abschmecken und sofort servieren.

Tofuplätzchen mit Kokossoße

Tofu-Yä-Se

480 g Tofu

Teig:
320 g Weizenmehl, 20 g Kartoffelmehl
2 EL Backpulver, 1 Ei
1 ½ RS Wasser, 1 TL Salz
5 EL Sojaöl

1 l Öl zum Frittieren

Soße:
30 g Schalotten, 1 ½ RS Kokosmilch
2 EL Zhejiang-Essig, 1 ½ TL Sambal
1 ½ EL Zucker, 1 Prise Salz
1 Prise Glutamat, 2 Prisen Pfeffer

5 EL Öl zum Braten

Die Teigzutaten ohne das Öl vermengen. Anschließend 5 EL Sojaöl unterrühren und 20 Min. an einem warmen Platz gehen lassen.
Tofu in kleine, mundgerechte Stücke schneiden, in eine große Reisschale geben.
Schalotten in Streifen schneiden und in eine kleine Reisschale geben. Die anderen Zutaten für die Soße in einer großen Reisschale vermischen.
Eine heiße Pfanne oder einen Wok zweimal mit Öl ausschwenken. Das Frittieröl darin erhitzen. Tofustücke im Ölteig wälzen und dann Stück für Stück mit einem Zahnstocher ins heiße Öl legen und 3 – 5 Min. frittieren. Mit einem Sieb herausnehmen und abtropfen lassen. Das Öl wieder in das Vorratsgefäß zurückgießen.
Eine Pfanne erneut mit Öl ausschwenken, 5 EL Öl erhitzen und die Schalotten anbräunen.
Die vorbereitete Soßenmischung in die Pfanne gießen, unter Rühren aufkochen lassen und dann auf kleiner Flamme ca. 3 Min. kochen.
Die Soße entweder als Dip servieren oder über den frittierten Tofu gießen.

Tofu mit Kokosmilch

Tofu-Yö-Lio-Se

480 g Tofu
200 g Frühlingzwiebeln

Gewürze:
5 EL Sojaöl
1 RS Gemüsebrühe (s. S. 16)
1 EL Zucker
1 TL Kartoffelmehl mit
2 EL Wasser vermischt
½ RS dünne Kokosmilch [22]
2 EL Zhejiang-Essig
1 TL Salz
1 TL Sesamöl

Tofu in mundgerechte Stücke schneiden. Frühlingzwiebeln in 3 cm lange Stücke schneiden.
Eine heiße Pfanne oder einen Wok zweimal mit Öl ausschwenken. Sojaöl auf größter Flamme erhitzen und die Frühlingszwiebeln anbraten.
Die Kokosmilch und die Gewürze hineingeben und ca. 1 Min. lang aufkochen.
Den vorbereiteten Tofu hineingeben und langsam schmoren bis die Soße eingedickt ist.
Zum Schluß mit Sesamöl überträufeln.

---

[22] in Asiashops erhältlich

Tofu mit Kokosmilch ▷▷

Getränke

Papayasaft

Mu-Qua-Ze

400 g Papayafleisch, vollreif
1 Banane
1 RS Mineralwasser
1/2 RS Vollmilch, 4 EL Honig
2 EL Pflaumenpulver[23] oder 2 getrocknete
Pflaumen (kurz einweichen)

Papaya und Banane schälen und die Kerne der
Papaya entfernen. Wenn Sie getrocknete
Pflaumen verwenden, diese zusammen mit
dem Obst grob hacken und im Mixer mit dem
Wasser pürieren.
Püriertes Obst durch ein Haarsieb gießen und
den Saft mit Honig, Milch und Pflaumenpulver
verrühren.
Mindestens 1/2 Stunde im Kühlschrank lassen
und gekühlt servieren.

Den Saft frisch trinken, er läßt sich nicht über
längere Zeit aufbewahren.

Mangosaft

Mango Ze

200 g Mango, geschält
1/2 RS Wasser (oder Milch)
2 EL Zucker
1 TL Pflaumenpulver[24]

Mangofleisch, Wasser, Pflaumenpulver und
Zucker im Mixer verrühren.
30 Min. kaltstellen und dann servieren.

Guavensaft

Pa-La-Ze

350 g Guave, reife und weiche Frucht
1 RS Wasser (oder Milch)
2 EL Honig
Saft von 1/2 Zitrone

Guave schälen und in kleine Stücke schneiden.
Die Stücke in einem Mixer mit Wasser pürieren.
Die Flüssigkeit durch ein Sieb passieren und
den aufgefangenen Saft mit Honig und Zitro-
nensaft verrühren.
Ca. 30 Min. kühlen und dann servieren.

Drachenbrunnen-Tee

Lung-Chin-Tee

Lung-Chin-Tee ist ein grüner Tee, d.h. er ist
nicht fermentiert. Seine Blätter sind Blatt-
spitzen von bester Qualität und haben eine
blaßgraugrüne Färbung.
Der Aufguß ist hell gelbgrün, mit zartem, er-
frischendem Geschmack und leicht bitterem
Aroma.
1 EL grüner Tee reicht für eine Tasse oder Schale. Mit heißem Wasser aufgießen – die Blätter
sind nach dem Aufguß einheitlich olivgrün –
und 3 – 5 Min. ziehen lassen.

[23/24] Chinesisches Pflaumenpulver ist sauer und salzig. Es wird aus getrockneten, gemahlenen Pflaumen hergestellt.

Rezeptverzeichnis

Köstlichkeiten aus aller Welt

S. Issar / M. Kopecky
Indisch kochen vegetarisch
Die schönsten vegetarischen
Originalrezepte aus Indien
mit Menüvorschlägen und
Gewürzkunde.
80 Seiten mit 70 Farbfotos.
ISBN 3-7750-0222-7

Ravinder Issar
Festliche indische Küche
Eine besondere Auswahl
festlicher Rezepte aus der
Mogulküche Indiens.
72 Seiten mit 25 Farbfotos.
ISBN 3-7750-0288-X

Ulrich Kopp
Ein Hauch von Knoblauch
Köstliche Überraschungen
und Genüsse, die nach Ur-
laub schmecken.
135 Seiten mit 72 Farbfotos.
ISBN 3-7750-0241-3

Prof. Dr. Michael Hamm (Hrsg.)
Euro-Asiatische Küche
Die Leichtigkeit der asiatischen
Küche verfeinert raffiniert euro-
päische Sterneküche.
151 Seiten mit über 50 Farbfotos. ISBN 3-7750-0206-5

Karl Rudolf
Mixdrinks ohne Alkohol
Getränke mit Pfiff für Jung
und Alt, für Autofahrer und
alle die einen klaren Kopf behalten wollen.
64 Seiten, 50 Farbfotos.
ISBN 3-7750-0302-9

Monika Graff
Exotik Drinks
Tropical Classics und neue
Longdrinks aus der Karibik,
Brasilien und Fernost.
64 Seiten mit 50 Farbfotos.
ISBN 3-7750-0303-7

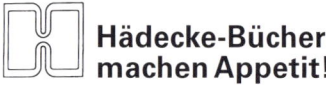
**Hädecke-Bücher
machen Appetit!**

Weitere Informationen können Sie kostenlos anfordern bei:
Walter Hädecke Verlag, Postfach 1203, D - 71256 Weil der Stadt.
Telefon 0 70 33 / 52 98 30